D1705328

Projektwoche Italienisch interkomprehensiv

Editiones EuroCom

herausgegeben von

Horst Günter Klein, Franz-Joseph Meißner,
Tilbert Dídac Stegmann und Lew N. Zybatow

Vol. 28

Jochen Strathmann

Projektwoche Italienisch interkomprehensiv

Durchführung und Auswertung einer 25-stündigen EuroComRom-Unterrichtsreihe an der Heinrich Böll-Schule (Hattersheim)

Shaker Verlag · Aachen 2007

Bibliographische Information der Deutschen Nationalbibliothek

Die Deutsche Nationalbibliothek verzeichnet diese Publikation in der Deutschen
Nationalbibliographie; detaillierte bibliographische Daten sind im Internet über
http://dnb.d-nb.de abrufbar.

Die Methode EuroCom erhielt 1999
vom Bundesminister für Wissenschaft und Verkehr
in Österreich das EUROPASIEGEL für innovative Sprachenprojekte

EuroCom® ist geschütztes Markenzeichen.
Information über EuroCom in 12 Sprachen im Internet unter
www.eurocomprehension.info

Gefördert
vom Hessischen
Kultusministerium
Projekt Lehr@mt

Printed in Germany

ISBN 978-3-8322-6008-8
ISSN 1439-7005

Dieses Buch liegt auch als Volltext-Datei auf der Homepage des Shaker Verlags zum Download
bereit.

Shaker Verlag GmbH · Postfach 101818 · 52018 Aachen
Telefon: 02407 / 9596-0 · Fax: 02407 / 9596-9
Internet: www.shaker.de · E-Mail: info@shaker.de

Inhalt

Der Inhalt der CD

Fünfter Tag: 1. Italienische Wetterberichte: tag5-1.ppt

2. Italienische Programmzeitschriften (Filme): tag5-2.ppt

3. Abschlussklausur: A bordo (I) : tag5-3.ppt

Der menügesteuerte Ablauf nutzt die *pps-files*, die nicht verändert werden können. Zur individuellen Veränderung der Inhalte sind aber auch die oben erwähn-
ten *ppt-files* unter den obigen Bezeichnungen auf der CD vorhanden.

Verzeichnis der Abkürzungen

BS	Brückensprache
bzw.	beziehungsweise
d.h.	das heißt
dt.	Deutsch
engl.	Englisch
etc.	et cetera
EU	Europäische Union
frz.	Französisch
FSU	Fremdsprachenunterricht
GeR	Gemeinsamer europäischer Referenzrahmen für Sprachen
IW	Internationaler Wortschatz
it.	Italienisch
kat.	Katalanisch
LE	Lautentsprechungsregel
L_1	Muttersprache
$L_{2/3/n}$	erste / zweite / (n-1)-te Fremdsprache
port.	Portugiesisch
PW	Panromanischer Wortschatz
rum.	Rumänisch
sp.	Spanisch
vgl.	vergleiche
z.B.	zum Beispiel
$\approx$	entspricht

Vorwort

Das für den Schulunterricht der EuroComprehension entwickelte und in der hier dargestellten *Projektwoche* angewandte *Blended-Learning*-Verfahren unterscheidet sich in mehreren Aspekten vom traditionellen Fremdsprachenunterricht:

Es wird zunächst im Rahmen des hier dargestellten Projekts die Ausbildung rezeptiver Kompetenzen (Lese- und Hörkompetenz) in einer oder mehreren romanischen Schulsprachen unter Verwendung der Transferinventare von EuroCom anvisiert. Dabei aktivieren die Lerner alle ihre sprachlichen Ressourcen, um über eigene und gelenkte Transferleistungen und ihrer französischen (bzw. spanischen) Brückensprachenkompetenz sich ein Bild vom korrekten Funktionieren der italienischen Zielsprache zu machen.

Basierend auf dem so erreichten Text- und Hörverstehen können dann innerhalb kurzer Zeit, die erheblich unter der eines normalen Spracherwerbsprozesses liegt, auch produktive Sprachkenntnisse im Rahmen eines hierauf aufbauenden Spezialkurses oder im Rahmen eines Auslandsaufenthaltes erreicht werden.

Mit der Verkürzung der Schulzeit ist es so gut wie unmöglich geworden, den von der Europäischen Union geforderten differenzierten Unterricht in den Tertiärsprachen umzusetzen. Die Methode EuroCom setzt an diesem Punkt an und bietet aufbauend auf den Kenntnissen des Französischen bzw. Spanischen (und Englischen) die Möglichkeit, in einem Schuljahr so viel an rezeptiven Kompetenzen in einer romanischen Zielsprache (hier: Italienisch) zu erwerben, dass es den Schülern wie den Fachlehrern leicht fallen wird, in einem weiteren Jahr die Sprechkompetenz - auf diesen hohen Vorkenntnissen der B1-Kompetenz in Lesen und Hören aufbauend - zu erreichen.

Insgesamt 26 Schüler der Jahrgangsstufen 10, 12 und 13 mit spanischer oder französischer Brückensprachenkompetenz[1] nahmen an dem Versuch teil. Alle Teilnehmerinnen und Teilnehmer hatten sich im Rahmen der einwöchigen *Projektwoche* für die Teilnahme an dem EuroCom-Projekt entschieden und brachten eine entsprechend große Motivation und Interesse mit.

Der Kurs umfasste insgesamt 5 Tage, an denen die Schüler 5 Stunden in der Schule lernten (der Ablauf ist mit allen Präsenationsmaterialien auf der beigefügten CD dokumentiert). Nachmittags konnten sie zu Hause oder im Computerraum der Schule im Internet unter www.eurocomprehension.com ihr Lese- und Hörverstehen des Italienischen zusätzlich trainieren.

Die Lerner konnten im Onlinemodul autonom entscheiden wie viel Informationen ihnen zur Verfügung gestellt werden, ohne instruktivistisch geleitet zu werden. Eine *language awareness* zum Italienischen konnte sich sehr schnell einstellen. Die zusätzliche Teilnahme am Onlinekurs gab den Lernern die Möglichkeit eine große Menge an programmierten Spracherschließungsübungen zu absolvieren, wodurch ihre rezeptiven Kompetenzen beschleunigt entwickelt wurde.

Allen Fremdsprachenlehrern und an Mehrsprachigkeit interessierten Lehrenden soll mit diesem Band die Möglichkeit gegeben werden, einerseits das Projekt mittels der Dokumentation und Auswertung der Projekttage nachzuvollziehen und zweitens sich in die Lage zu versetzen, mit den auf der beigefügten CD-Rom vorhandenen Präsentationsdateien ein ähnliches Projekt mit der Zielsprache Italienisch durchzuführen. Ferner steht jedem Lehrenden das Computerprogramm zum Erwerb rezeptiver Kompetenzen kostenfrei zur Verwendung außerhalb des Unterrichts zur Verfügung.

Horst G. Klein

Sprecher der Forschergruppe EuroCom

---

[1] „Brückensprache" wird in der Interkomprehensionsforschung jene Sprache genannt, die man transferbasiert einsetzt, um eine nahverwandte Sprache zu erschließen.

Einleitung

Die *Projektwoche Italienisch interkomprehensiv*, die im Sommer 2005 an der Hattersheimer Heinrich Böll-Schule durchgeführt wurde, ist Teil der EuroCom Mehrsprachigkeitsprojekte und zeigt, auf welche Weise die Aktivierung der Vorkenntnisse der Schüler zusammen mit der Nutzung der engen Verwandtschaft innerhalb der romanischen Sprachfamilie zu einem sofortigen Lese- und Hörverstehen im Italienischen führen können. Die in der *Projektwoche Italienisch interkomprehensiv* erzielten Ergebnisse zeigen, welche Chancen die Methode EuroCom im schulischen Fremdsprachenunterricht eröffnet um Schülerinnen und Schüler in realistischer Weise Mehrsprachigkeit zu vermitteln.

Nach einführenden Bemerkungen zur Entwicklung des Schulfachs Italienisch (Kap. 1) und der Nennung der Projektziele (Kap. 2) werden im 3. Kapitel die Vorteile der multimedialen Konzeption des Projekts, welches erstmals im *Blended-Learning*-Verfahren durchgeführt wurde, vorgestellt.
Der Hauptteil des Bandes bildet das 4. Kapitel. Hier werden die fünf Projekttage des interkomprehensiven Unterrichts nach EuroCom dokumentiert und unter Hinweis auf die verwendeten Präsentationsmaterialien (abrufbar auf beigefügter CD-Rom) anschaulich dargestellt. Hinzu tritt im 5. Kapitel die Evaluation, die zum einen aus der Auswertung der persönlichen Daten der Schüler und zum anderen aus der vergleichenden Analyse des *Vortests* und der *Abschlussklausur* besteht. Daraus lassen sich Schlüsse bezüglich des Erfolgs der interkomprehensiven Projektwoche sowie hinsichtlich positiver Einflussfaktoren ziehen. Die Reaktionen der Teilnehmer auf den Verlauf der *Projektwoche* werden im 6. Kapitel zusammengefasst und die sich aus den Ergebnissen ableitbaren Konsequenzen für einen modernen Fremdsprachenunterricht werden im 7. Kapitel dargestellt.

Die Angebote der Forschergruppe EuroCom zur Lehrerbildung, die nach dem innovativen *Blended-Learning*-Verfahren durchgeführt werden, sind im 8. Kapitel aufgeführt. Die in diesem Schulprojekt verwendeten und zu didaktischen Zwecken nutzbaren Lern- und Lehrmaterialien der Methode EuroCom werden im nachfolgenden 9. Kapitel beschrieben.

Im Annex, Kapitel 10, werden in einem Miniporträt die wichtigsten Charakteristika der italienischen Sprache aufgeführt. Es unterstützt die Systematisierung der im Kurs gewonnenen Kenntnisse und steht dem zukünftigen Lerner zudem als Schnellreferenz zur Verfügung.

So werden die Charakteristika der italienischen Aussprache und Schrift dargestellt (10.1), die Wortstruktur des Italienischen erläutert (10.2) und die italienischen Strukturwörter, die in einem durchschnittlichen Text bereits 50-60 % des Vokabulars ausmachen, aufgelistet (10.3).

Die italienisch-romanischen Lautentsprechungen sind in Kapitel 11 aufgeführt und liefern dem Lerner eine Hilfe bei der Identifizierung der nicht immer auf den ersten Blick erkennbaren lexikalischen Verwandtschaft des Italienischen mit den übrigen romanischen Sprachen.

1. Vorbemerkungen zum Italienischen als Schulfach

Die italienische Sprache gehört seit Langem zu den wichtigsten Fremdsprachen Europas, speziell der Bundesrepublik Deutschlands.

Rund 612 000 der insgesamt 60-65 Millionen Sprecher, die das Italienische entweder als Primär- oder Zweitsprache verwenden, leben in Deutschland. Italien ist nicht nur viertwichtigster Handelspartner Deutschlands, sondern auch beliebtestes Reiseland der Deutschen. Das immense Interesse an der Sprache einer der großen Kulturnationen Europas äußert sich überdies im großen Übersetzungsbedarf sowie in der Präsenz italienischer Sprache und Literatur im Hochschulbereich. [2]

Nach dem Aufleben des Italienischen als Schulfach mit der Reform der gymnasialen Oberstufe in den frühen 70er Jahren und einer Stagnation Mitte der 80er Jahre hat sich der Aufschwung des Italienischen in den 90er Jahren zwar wieder beschleunigt, doch ist die Zahl der aktuell Italienischlernenden im Vergleich zu anderen Fremdsprachen wie Englisch, und Französisch sehr gering.

Im Schuljahr 2005/2006 belegten, alle Schularten und Klassenstufen zusammengefasst, insgesamt nur rund 48 000 Schüler das Fach Italienisch, welches damit hinter dem Englischen (rund 7,6 Millionen), dem Französischen (1, 7 Millionen), dem Latein (ca. 770 000), dem Spanischen (243 000) und dem Russischen (120 000) abgeschlagen auf dem 6. Platz rangiert. [3]

Zu diesem anhaltenden „stiefmütterlichen Dasein" (Bär, 2006:35) des Italienischen tritt die Tatsache, dass zu lange kein schülerorientiertes Lehrwerk für den schulischen Italienischunterricht existierte (Krings, 2004:541).

Diesem Trend entgegenzuwirken war eines der nachfolgend dargestellten Ziele der *Projektwoche Italienisch interkomprehensiv*.

---

[2] Krings (2003), S. 538-540.
[3] Statistisches Bundesamt (2006).

2.   **Ziele der *Projektwoche Italienisch interkomprehensiv***

Die Vermittlung eines rezeptives Lese- und Hörverstehen im Italienischen auf
Niveau B1 gemäß des *Gemeinsamen europäischen Referenzrahmens für Spra-
chen* (kurz: GeR)[4] und einer damit einhergehenden Grundlage für die produktive
Sprachkompetenz war vorrangiges Ziel der *Projektwoche.*

Um dieses Ziel zu erreichen, sollten die Schüler zunächst auf das zurückgreifen,
was sie schon wissen. Die Schüler sollten lernen, ihr Vorwissen, welches sich in
aller Regel aus ihrer Muttersprache Deutsch, dem Englischen, einer romanischen Brückensprache und daraus resultierenden Lernstrategien zusammensetzt,
zurückzugreifen.

Darüber hinaus sollten Schüler wie Lehrer mit Arbeitsmitteln der Methode EuroCom und neuesten Erkenntnissen der Mehrsprachigkeitsdidaktik vertraut gemacht werden, um diese für den schulischen FSU nutzen zu können.

Mit der Methode EuroCom sollte dies mittels der Transfertechniken der *7 Sieben*, d.h. sieben methodischen Schritten, in denen der Lerner Texte in den romanischen Zielsprachen mit den Transferinventaren „filtern" und sprachverwandte
Sachverhalte wiedererkennen kann, erreicht werden.

Prof. Dr. Horst G. Klein, neben Prof. Dr. Tilbert D. Stegmann einer der Grün-
dungsväter der Methode EuroCom, leitete das Schulprojekt und wurde dabei
von seinen Institutsmitarbeitern, Französischlehrern der Schule sowie acht Stu-
dierenden, darunter dem Autor dieses Buches, unterstützt. [5]

---

[4] Europarat (2001), s. Kap. 2.
[5] „Die Unterweisung in Interkomprehension knüpft an die Vorerfahrungen der Lernenden an und baut auf ihnen
auf. Damit stellt sie eine konsequente Realisierung des allgemein-pädagogischen Prinzips der **Passung** dar. Um
diese Passung fruchtbar werden zu lassen, ist es erforderlich, dass sich die Lernenden ihres Vorwissens bewusst

3 Vorüberlegungen zum multimedialen EuroCom-Projektunterricht

In der *Projektwoche Italienisch interkomprehensiv* kam erstmals das *Blended-Learning*-Verfahren zum Einsatz. Dieses Verfahren, welches für den Einsatz der Merhode EuroCom im schulischen und universitären Bereich entwickelt wurde, besteht aus einem Multimediaeinsatz in der Präsenzlehre, der mit telemedialen Möglichkeiten des Fernunterrichts kombiniert wird.

Im Gegensatz zum (traditionellen) instruktivistischen Fremdsprachenunterricht wurde in der Präsenz- und Onlinelehre durch die Behandlung authentischer Texte und den aktiven Einbezug der Schüler in die Wissensorganisation (Stichwort: *Hypothesengrammatik*, Kap. 4.3.) die Lernerautonomie gewährleistet.[6] Die Methode EuroCom entspricht damit dem konstruktivistischen Ansatz und stellt den Schüler mit seinem bereits vorhandenen Wissen in den Mittelpunkt des Spracherwerbsprozesses.[7]

Aufgrund der verschiedenen Jahrgänge, den unterschiedlichen sprachlichen, jahrgangsbedingten Voraussetzungen sowie der individuellen Sprachbiografien der teilnehmenden Schüler wurde die *Projektwoche* wie schon 2004 (S. Klein:2004) in deutscher Sprache konzipiert.[8] Die Schüler, die Französisch als Brückensprache besaßen und jene die über Spanisch als L_2 verfügten bildeten jeweils mehrere Kleingruppen, die im Verlauf des Projekts meist interaktive Übungen absolvierten.

Die kombinierten Arbeitsformen aus PowerPoint-Präsentationen, Erarbeitungsphasen in Gruppen- und Partnerarbeit sowie der Diskussion im Plenum verhinderte einen gerade im schulischen Fremdsprachenunterricht demotivierenden

---

werden. Die interkomprehensive Didaktik betreibt die erforderliche **Bewusstmachung** und befindet sich damit im Einklang mit dem generell in der Pädagogik vertretenen Ziel der Bewusstseinsförderung." Doyé, in: Martinez et al. (2006), S. 23.

[6] „Für den traditionellen FSU ist Lernerautonomie ein Fremdwort." Bär (2004b), S. 85.

[7] vgl. Bär (2006), S. 96, 97.

[8] Zu den Vorzügen der Verwendung der Muttersprache im Fremdsprachenunterricht aus der Sicht der Kognitiven Linguistik siehe Müller-Lancé (2002), S. 142.

Frontalunterricht.[9] Ebenso wurde durch die abwechslungsreiche Arbeitsweise
vermieden, dass es zu einem zu großem Redeanteil des Lehrkörpers kam. Die
Schüler wurden vielmehr (erfolgreich) gefordert ihre Kenntnisse und ihr Interesse in den Unterricht einzubringen und sich aktiv zu beteiligen.[10]

Die Lernarrangements der Methode EuroCom zeichnen sich durch die realisti-
schen Zielsetzungen (im Gegensatz zu den maximalistischen des traditionellen
FSU, vgl. Bär, 2004b; Gogolin, 1994) aus. Die Berücksichtigung der Heteroge-
nität der Schüler wird mit dem von der Forschergruppe EuroCom bereitgestell-
ten e-learning Angebot, in dem jeder Lerner das Lerntempo und die Übungsab-
folge gemäß seinen individuellen Voraussetzungen selbst bestimmen kann, er-
füllt (s. Kap.3.1).

Die *Projektwoche Italienisch interkomprehensiv* entspricht den für einen Projektunterricht von Heckhausen (1974) erstellten bewährten Variablen. So sind

- erstens die Textaufgaben der Methode EuroCom so konzipiert, dass sie
  in vertraute Kontexte eingebettet sind, persönliche Bezüge herstellen und
  zum Lernen anregen,
- zweitens der Erreichbarkeitsgrad des Ziels den Voraussetzungen der
  Schüler angepasst, d.h. die Texte besitzen einen angemessenen Schwierigkeitsgrad.[11] Der Lerner hat überdies jederzeit die Möglichkeit im Online-Modul Hilfen aufzurufen bzw. Aufgaben zu überspringen und Texte
  auf dem gewünschten Niveau zu wählen (s. Kap. 3.1),

---

[9] Auf die konzentrations- und Motivation fördernde Wirkung des Wechsels von PowerPoint Präsentation und Gruppenarbeit weist S. Klein (2004:17) hin.
[10] In der neuesten DESI-Studie (2006) zum schulischen Fremdsprachenunterricht wird der zu große Redeanteil der Lehrkörper am deutschen FSU kritisiert. www.dipf.de/desi/DESI_Ausgewaehlte_Ergebnisse.pdf
[11] „Der interkomprehensive Schwierigkeitsgrad eines Textes ergibt sich aus dem Verhältnis von Profilformen und Profilfunktionen einerseits zu den Transferbasen andererseits. Je mehr Transferbasen im Verhältnis zum Gesamt der kritischen Merkmale eines Textes erkannt werden, desto komprehensibler gerät der Text." Meißner (2004), S. 59.

- drittens der Neuigkeitsgehalt der im Projekt verwendeten Texte gewährleistet. Das heißt, es werden dem Schüler neben bekannten Kontexten
auch völlig neue Inhalte geboten, die seine Neugier wecken und die in-
trinsische Motivation aufrechterhalten.[12]

Im täglichen Präsenzunterricht, der in Form von Plenar-, Gruppen-, und Partnerarbeit durchgeführt wurde, kam außerdem ein Reader zum Einsatz, der aus den
im 8. Kapitel dargestellten EuroCom-Lehrmaterialien zusammengestellt wurde.
Die von der Forschergruppe EuroCom zur Verfügung gestellten Online-Kurse
(www.eurocomprehension.com, www.euromreserach.net) wurden um den für Seminar-
veranstaltungen entwickelten Power-Point-Sequenzen mit kommentierten Wer-
bespots und Nachrichtensendungen als Teil des *Blended-Learning*-Verfahren
ergänzt. Als didaktisch höchst wirksam stellten sich die in die Texte integrierten
Animationssequenzen zur Darstellung der Wirkungsweise der Transferinventare
heraus. Sie unterstützten den Erschließungsprozess der Schüler insofern, als sie
die panromanischen Parallelitäten der jeweiligen Phänomene verdeutlichen.

Der Online-Teil des *Blended-Learning*-Verfahrens, der sowohl im Computerraum der Schule, als auch zu Hause von den Schülern nach dem täglich fünf-
stündigen Unterricht von den Schülern genutzt wurde, wird nachfolgend in Kapitel 3.1 erläutert. Es beschreibt die lernpsychologischen Vorteile des Einsatzes
eines Online-Moduls im Fremdsprachenunterricht.
Der Ablauf der fünftägigen Präsenzveranstaltung, in der die auf beigefügter CD-
Rom vorhandenen Präsentationsmaterialien verwendet wurden und als Anlei-
tung zur Durchführung eines ähnlichen Projekts dient, ist in Kapitel 4 dokumentiert.

---

[12] Zitiert nach Doyé , in: Martinez et al. (2006), S. 19-21. Zur Textauswahl auch: Klein (2006b), S. 63, 64.

3.1   EuroCom-Online

Unter der Adresse www.eurocomprehension.com haben die Schüler die Möglichkeit,
in einem Internetkurs sowohl Lese- als auch Hörkompetenzen im Italienischen
zu trainieren.[13] Die Schüler der *Projektwoche Italienisch interkomprehensiv* übten auf dieser Website im Anschluss an die *Präsenzlehre* ihre interkomprehensiven Fähigkeiten, die sich aufgrund der unterschiedlichen Sprachbiografien individuell unterscheiden.[14]

Das Modul für das Italienische - finanziert vom Hessischen Ministerium für
Wissenschaft und Kunst- ist wie jenes für das Spanische und das Rumänische
kostenfrei und für Lehrende wie für Schüler frei zugänglich. Es eignet sich in
besonderem Maße für das schulische *Blended-Learning-* Verfahren.

Das Programm basiert auf mehreren in Universitätsseminaren durchgeführten
Tests und ist so gestaltet, dass es in der Rolle des Sprachtrainers auf alle möglichen Fragen des Lerners eine Antwort oder besser einen Hinweis parat hält, der
dessen kognitiven Prozess fördert, ohne ihn zu gängeln (Klein, 2006b:58).

Mit einer durchdachten Hypertext-Architektur wird dies gewährleistet. Dem
Lerner werden als Hilfestellung nicht die Lösungen vorgelegt, sondern didaktische Strategien und Assoziationshilfen zu mehr als 4000 verschiedenen Wörtern
und Wortgruppen angeboten. Damit werden die für den Sprachlernprozess wichtige kognitive Prozesse zwischen Ausgangssprache und Zielsprache eingeleitet.

Das Online-Modul besteht aus nachfolgenden vier Lernschritten, die sowohl die
Bedürfnisse des autonomen Lerners in einer heterogenen Lerngemeinschaft ge-
nügen und die sich, so das Fazit der Rückmeldungen der Schüler, innerhalb des

---

[13] Neben dem Italienischen gibt es unter www.eurocomprehension.com auch Kurse für das Spanische und Ru-
mänische- das Katalanische und Portugiesische sind in Vorbereitung.
[14] Eine genaue Beschreibung dieses Online-Angebots in: Klein (2006b) und Rensing/Steinmetz (2006).

Schulprojektunterrichts   bewährten   (nach   Klein: 2006b)   und
www.eurocomprehension.com):

Nach einem ersten Lesen und Hören des authentischen Textes - eine Bildinformation aktiviert außertextuelle Informationen - entdecken die Schüler im **1. Schritt** Ähnlichkeiten zu den ihnen vertrauten Sprachen. Sie können sprachliches und außertextuelles Wissen für das Textverständnis nutzen. Es wird von Beginn an den unterschiedlichen Informationsbedürfnissen der Lerner Rechnung getragen, d.h. die Lerner haben stets die Möglichkeit den Text je nach individuellen Lernbedürfnissen in der Navigationsleiste zu wechseln und ihre Motivation aufrecht zu erhalten.

Per Mausklick auf einzelne Wörter werden **Erschließungshilfen** gegeben, die die Assoziations- und Transfertätigkeiten des Lerners fördern und es ermöglichen, eigene Lernerhypothesen aufzubauen. Daneben stehen ihm *interkulturelle Links* und ein übersichtliches *Sprachporträt* der entsprechenden Sprache zur Verfügung. All dies kann jederzeit aufgerufen werden und dient der Konstruktion „mentaler Szenarien" (Bär, 2006:100), die wiederum wichtig für den erfolgreichen Erschließungserfolg sind. Die **Assoziationshilfen** führen in die parallellen Strukturen der verwandten Sprachen ein und ermöglichen den autonomen Entwurf einer Hypothesengrammatik in den speicher- und ausdruckbaren **Notizblock**, in den auch Texterschließungen und Rohübersetzungen eingetragen werden können. Die **Systematisierungshilfen** schließlich ermöglichen die Überprüfung und Korrektur der gebildeten Hypothesen. Auf diese Weise können die Lerner sich in das Funktionieren der Zielsprache(n) einarbeiten.

Die Abbildung auf Seite 22 zeigt beispielhaft einen italienischen Übungstext („Annunci") mit eingeblendeter Assoziations- und Systematisierungshilfe des 1. Arbeitschrittes der Textbearbeitung.

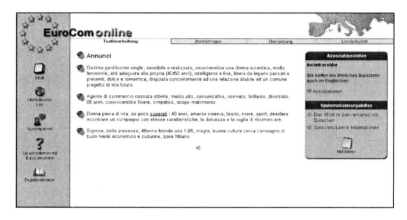

Beispiel: Textbearbeitung des italienischen Textes „Annunci"

Im **2. Schritt**, den fakultativen **Kontrollfragen**, werden das Textverständnis und die vom Schüler erstellte Hypothesengrammatik überprüft. Das Programm bietet, im Falle von Fehlleistungen dem Schüler mittels Systematisierungslinks Hilfe zur Selbsthilfe an. Durch die praktikable Druckmöglichkeit des Tests kann der Lehrer sein Textverstehen und seine Hypothesen überprüfen und in der Klasse diskutieren lassen.

Im **3. Schritt** hat der Lerner die Möglichkeit, Lernfortschritt und Hypothesen mittels des Vergleichs der eigens erstellten **Übersetzung** oder Transferprotokolls im Notizblock mit der Originalübersetzung selbst zu überprüfen und nachzuvollziehen.

Der **4. Schritt** dient der Reflexion des **Lernfortschritts**. Nach der Auswertung der Fragen zum Text wird gezeigt, ob inhaltliche Aspekte korrekt erschlossen wurden und in welchen Bereichen beim Entwurf der *Hypothesengrammatik* noch Informationsbedarf besteht. Auf diese Weise lässt sich der Lernfortschritt dokumentieren und selbständig steuern. Es werden all jene morphosyntaktischen Phänomene, die aus dem bearbeiteten Text erkennbar waren, rekapituliert. Dies dient dem Lerner neben der Erfolgsbestätigung und der Steigerung der Motivation dazu, sich einen Überblick über den momentanen Lerngegenstand zu verschaffen. Die Darstellung des Lernfortschritts ersetzt ferner die in traditionellen Lehrbüchern vorstrukturierte Lernprogression.

Die lernpsychologischen und didaktischen Vorteile dieser multimedialen Optimierung des Ablaufs der Interkomprehension bestehen zusammengefasst vor allem in:

> - der durchdachten Hypertextarchitektur,
> - der Systematisierung der Hypothesengrammatik,
> - der individuellen Anpassung an die Lernerbedürfnisse und
> - des Angebots von authentischen Texten.[15]

Weitere Vorzüge des e-learning Angebots der Forschergruppe EuroCom sind in der Entlastung des Betreuungsaufwands des Lehrers und zum anderen in dem Angebot an den Lerner, sich mit seinen individuellen Fähigkeiten und Lernbedürfnissen dem Spracherwerb zu nähern, zu sehen. Das schließt auch ein, dass ein Schüler entsprechend seiner individuellen Sprachbiographie mit Hilfe der Software natürlich auch frei wählen kann, in welcher Reihenfolge und in welchem Umfang er die *sieben Siebe* erlernen und anwenden will sowie auf welche zusätzlichen Informationen und Hilfen er zurückgreift (Heuer, 2001:70).

Der traditionelle FSU war bisher nur sehr begrenzt in der Lage auf die heterogenen Voraussetzungen der Schüler angemessen einzugehen und die individuellen Fähigkeiten, die allein schon durch die häufig unterschiedlichen Muttersprachen der Schüler resultieren, entsprechend zu fördern. Mit dem hier dargestellten Online-Modul ist es möglich, jedem einzelnen Schüler unabhängig seines Sprachniveaus einen persönlichen Lernfortschritt zu ermöglichen.

---

[15] Klein (2006b), S. 58-64.

4 Ablauf der einzelnen Projekttage

Die 26 teilnehmenden Schülerinnen und Schüler (22 Mädchen und 4 Jungen), die sich im Rahmen der Schulprojektwoche für das EuroCom-Projekt entschieden, stammten - wie nebenstehende Grafik zeigt - aus den Jahrgangsstufen 10, 12 und 13.

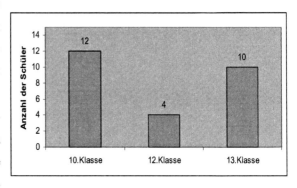

Aufgrund der Wahlmöglichkeiten in Klasse 7 verfügten die Schüler, neben Englischkenntnissen aus fünf-, sieben- bzw. achtjährigem Unterricht, über unterschiedliche Brückensprachenkenntnisse (Französisch oder Spanisch).

In nebenstehender Grafik spiegelt sich die an deutschen Schulen dominierende Rolle des Französischen wieder: Französisch ist nach wie vor Wahlpflichtfach Nr. 1

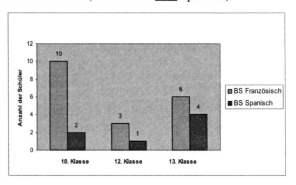

vor dem Spanischen und Italienischen. [16] Diese Tatsache begünstigt den Einsatz der Methode EuroCom, die vor dem Spanischen und allen anderen romanischen Sprachen das Französische als *optimale Brückensprache* (Klein, 2001) ansieht.

---

[16] „Wie das Statistische Bundesamt zum Deutsch-Französischen Tag am 22. Januar 2005 mitteilt, nahmen in Deutschland im Schuljahr 2003/04 rund 1,6 Mill. Schüler und Schülerinnen (16,9%) am Französischunterricht teil. In den letzten 20 Jahren ist dieser Anteil weitgehend unverändert geblieben. Französisch ist nach Englisch (74,1%) die zweithäufigste Fremdsprache, noch deutlich vor Latein (7,0%)." Statistisches Bundesamt (2005).

4.1 Erster Tag: Vorstellung der Methode EuroCom*Rom*
und Durchführung des *Vortests*[17]

Am ersten Tag, der unter den Mottos *Annäherung an die Fremdheit, Vertrautes in der Fremdheit* und *Verstehen in der Fremdheit*[18] stand, sollten die Schüler erkennen, dass sie in der Lage waren, fremde Sprachen auf der Grundlage ihres Vorwissen global erschließen zu können. Nachrichtensequenzen in verschiedenen, den Schülern größtenteils unbekannten, Sprachen (Arabisch, Chinesisch, Polnisch und Rumänisch) zum Thema *11. September 2001* dienten dazu, die Schüler mit der Methode EuroCom vertraut zu machen. Ihnen wurden bei der

Begegnung mit diesen Texten erste Strategien zur Texterschließung bewusst gemacht.[19] Nach anfänglichen Zweifeln realisierten die Schüler, dass sie schon nach mehrmaligem Ansehen und Anhören der Filmsequenzen in Arabisch, Chinesisch, Polnisch und Rumänisch (Abb.) durchaus in der Lage waren, geografische Begriffe und Kulturwörter zu erkennen. Als hilfreich stellte sich dabei die zusätzlich zur Filmsequenz eingeblendete Transkription des gesprochen Nachrichtentextes heraus. So konnten die Schüler neben der Hör- ihre Lesekompetenz einsetzen und erkannten den großen Stellenwert des Kontextes und ihres

---

[17] Alle in Kapitel 3 eingefügten PowerPoint Folien stammen von beigefügter CD-Rom.
[18] tag1-1.ppt
[19] vgl. auch S. Klein, (2004), S. 18-20.

vorhandenen Vorwissens. Besonders im Falle des rumänischen Textes konnten die Schüler natürlich ihre Kenntnisse des Französischen bzw. Spanischen einsetzen und interlinguale Bezüge herstellen.

Die Schüler realisierten noch weitgehend unbewusst die panromanischen Strukturen der *Graphien und Aussprachen*, der *Lautentsprechungen* und der *panromanischen Syntax*, ohne das diese von den Projektleitern bereits explizit eingeführt worden waren.

Um bei allen Teilnehmern der *Projektwoche* von einer rezeptiven Lesekompetenz des Niveaus B 2 (gemäß GeR) in ihrer romanischen Brückensprache ausgehen zu können, hatten die Schüler abschließend einen französischen bzw. spanischen Text ins Deutsche zu übersetzen.[20]

Die Auswertung dieses kurzen (französischen/spanischen) Einstufungstests ergab, dass sowohl die Gruppe, die über Französisch als Brückensprache, als auch jene Gruppe, die über Spanisch als Brückensprache verfügte, den Sinn des Textes erschließen konnten. Es gab innerhalb der zwei Gruppen und auch zwischen diesen beiden keine signifikanten Leistungsunterschiede und der Kenntnisstand der Schüler entsprach gemäß dem GeR einer B2-Kompetenz im Leseverstehen des Französischen bzw. Spanischen.

Mit diesem guten Ergebnis konnte von einem soliden Grundwissen einer romanischen Brückensprache ausgegangen werden. Zusammen mit den Schulkenntnissen des Englischen (aus einem drei-, fünf- bzw. sechsjährigen Schulunterricht) konnten dieses für den Erwerb rezeptiver Hör- und Lesekompetenzen einer L3, nämlich des Italienischen, in der nun beginnenden *Projekwoche Italienisch interkomprehensiv* genutzt werden.

---

[20] Französischer sowie spanischer Einstufungstest auf CD-Rom: tag1-3.ppt; tag1-4.ppt.

4.1.1 Der *Vortest*: Textsituierung und Fehlerscanning

Im Anschluss an den Einstufungstest und die gemeinsame Bewusstmachung erster Erschließungsstrategien mittels PowerPoint wurde den Schülern ein Text in einer für alle unbekannten romanischen Sprache, nämlich Katalanisch, unter der Überschrift *Kèfir* zur sinngemäßen Übersetzung vorgelegt.

Vortest: Kèfir (kat.) [21]

Die Analyse der abgegebenen Vortestergebnisse gab den Projektleitern einen verlässlichen Aufschluss darüber, inwieweit die Schüler bereits vor dem Kennenlernen der Methode EuroCom und der Technik des *Optimierten Erschließens* in der Lage waren, ihr individuelles Erschließungspotential auszuschöpfen. Die Bewertung und Analyse des *Vortests* diente ferner dazu, Vergleichsdaten für die Auswertungsergebnisse der *Abschlussklausur* zu erhalten. Auf diese Weise können Aussagen über die Entwicklung der interkomprehensiven Fähigkeiten der Schüler getroffen werden (s. Kap. 5).

---

[21] tag1-2ppt

Textsituierung: *Kèfir* (kat.)

Der kurze Text zu dem Milchprodukt *Kèfir* stammt aus einem katalanischspra-
chigen Lexikon und definiert in wenigen Worten das bekannte Milchprodukt.
Der Internationalismus als Überschrift und die Abbildungen am Rande des
Textes erzeugen bei den Schülern eine bestimmte Erwartungshaltung. Selbst
wenn Schüler dem Namen *Kèfir* zum ersten Mal begegnen, können sie aufgrund der dazugehörigen Abbildung Rückschlüsse auf dessen Bedeutung ziehen. Sie können erkennen, dass im Folgenden eine Definition und eine knappe
Abhandlung über Herkunft, Zubereitung, Herstellung bzw. Verwertbarkeit des
Kèfirs folgen werden. Die Schüler aktivieren dementsprechend ihr Weltwissen
über das Milchprodukt *Kèfir* und ihr Vorwissen über Aufbau und Struktur der-
artiger Lexikonartikel.

Die hohe Anzahl an Internationalismen wie *origen, habitants, llegenda, presencia, propietats, alimentaries, saludables, influencia* sowie die Abbildungen
neben dem Text erleichtert die lexikalische Erschließung.

Fehlerscanning der Texterschließungen

Gemäß dem italienischen Sprichwort *Sbagliando s'impara. (Aus Fehlern wird
man klug.)* würdigt EuroCom nahezu jeden *Fehler* als verwertbare Erschließungsleistung.

Die folgende Auswertung des *Vortests* zeigt, in welchen Bereichen die Schüler
bereits in der Lage waren, Erschließungstechniken anzuwenden und welche
Schwierigkeiten bei der Erschließung durch die Anwendung der Methode Euro-
Com hätten vermieden werden können. Die Fehlschließungen leisten bei dieser
Analyse entscheidende Hinweise.

In der Auswertung wird zwischen jenen Schülern, die über Französisch als Brückensprache und jenen, die über Spanisch als Brückensprache verfügen, differenziert. Es ist so möglich, erste Rückschlüsse auf das interkomprehensive Potenzial hinsichtlich der Erschließung eines romanischen, in diesem Fall, katalanischen Textes zu ziehen. Sie liefert Einblicke in die Nutzung kognitiver Strategien und vorhandener Transferquellen. Diese Transferquellen bestehen wie oben erwähnt aus der Muttersprache Deutsch, aus den auf einem vier-, sechs-, bzw. achtjährigen Schulunterricht basierenden Englischkenntnissen sowie aus dem Französischen bzw. Spanischen.

Kèfir

Der in der Überschrift stehende Internationalismus wurde ausnahmslos von allen Lernern richtig übertragen und lieferte für die folgende Texterschließung zusammen mit den nebenstehenden Abbildungen ein breites Assoziationsfeld, welches den Schülern bei der Kontextualisierung auf den ersten Blick weniger bekannte Begriffe half.

llet

llet wurde ausnahmslos richtig als Milch bzw. Milchprodukt übersetzt. Die Nähe zum Französischen *lait* und Spanischen *leche* sowie das aktivierte Vorwissen und die nebenstehende Abbildung einer Milchflasche erleichterten die Erschließung.

acida

acida wurde von 14 Schülern richtig als *sauer* übersetzt, von einem als *behandelt* und von 2 gar nicht. Die Kongruenz mit dem spanischen *ácida* und die Nähe zum französischen *acide* und dem englischen *acidity* sowie die mögliche

Kenntnis des Internationalismus *Acidität* führte die Mehrheit zur richtigen Erschließung.

fermentada

Trotz des identischen Lexems *fermentada* im Spanischen und der großen formalen Ähnlichkeit zum französischen *fermentée* und dem Englischen kamen nur drei Schüler der Französischgruppe auf die deutsche Entsprechung *fermentiert*, ein Schüler auf *gesund*, ein Schüler auf *behandelt* und neun Schüler auf gar keine Übersetzung. In der Spanischgruppe wurde dieses Lexem überhaupt nicht übertragen. Hilfe hätte das 1. Sieb des Internationalen Wortschatzes, in dem das Wort *Fermentation* vorkommt, geboten. Auch die Kenntnis des 6. Siebs der Morphosyntax hätte die grammatische Endungsform *–tada* des katalanischen Partizips Perfekts offensichtlich werden lassen. Möglicherweise ist das im Alltagsgebrauch nicht mehr häufig vorkommende Wort für *gegoren* verantwortlich für die geringe Erschließungsquote

que te seu origen

Dieser Satzteil wurde von allen richtig erschlossen. Erkannt wurde hier der panromanische Relativsatz (Sieb 5), der durch das panromanische Relativpronomen *que* eingeleitet wird und dessen französische Entsprechung *qui* und spanisch äquivalente Entsprechung *que* sind und somit leicht erschließbar sind. *Te* wird als konjugierte Form des panromanischen Wortes *tenir* (frz. *tenir*, sp. *tener*) wiedererkannt. Das leicht erschließbare *seu* entspricht dem französischen *son*, dem spanischen *su* und dem deutschen *sein*.

Origen ist als Internationalismus sowohl aus dem Englischen (*origen*), Französischen, Spanischen (*orígen*), als auch aus dem deutschen *Original* leicht zu erschließen.

als pobles de Caucas

Der Plural des bestimmten Artikels *als* wurde von allen erkannt. Nur vier Schüler der Französischgruppe übertrugen *pobles* als *Dörfer, Völker* oder *Gegenden.* In der Spanischgruppe erschloss die Mehrheit *pobles* als *Dörfer.* Hilfreich war freilich die Assoziation mit dem spanischen *pueblo,* dem französischen *peuple,* dem englischen *people,* der deutschen Assoziation *Pöbel* sowie den folgenden zum IW gehörigen Ortsangaben. Eine noch höhere Erschließungsquote wäre durch die bewusste Anwendung des dritten Siebs der Lautentsprechungen gewesen. Den Schülern wäre bei Kenntnis dieses Siebs die Entsprechung *–o* (kat.) und *–eu* (frz.), *-ue* (sp.) die Erschließung leichter gefallen.

on es consumeix

Bei der Übersetzung des Relativpronomens *on* kam es aufgrund des im Französisch existenten identischen Lexems *on* in der Französischgruppe mehrheitlich (neun Mal) zu der Übertragung *man konsumiert bzw. es wird konsumiert...* anstatt auf *ou* und folglich *wo es konsumiert wird.* Lediglich ein Schüler assoziierte richtigerweise das französische *ou.* Ausgeglichen war dagegen die Übertragung in der Spanischgruppe, in der die Hälfte *on* mit *man* und die andere Hälfte mit *donde* also *wo* assoziierte. Mit der Kenntnis der katalanischen Profilwörter[22] wäre der Fehlschluss zu *man* zu vermieden gewesen. Man muss jedoch betonen, dass die Übersetzung von *on* in *man* den Sinngehalt des Satzes (Textes) nicht entscheidend verändert.

es consumeix wurde von allen richtig erschlossen. Die panromanische Konstruktion des Passivs *...wird konsumiert* wurde mit seinem international verbreitetem

---

[22] Mit Profilwörtern sind jene Wörter gemeint, die nicht in allen romanischen Sprachen vorkommen und die sich deshalb nicht durch die *7 Siebe* ableiten lassen. Sie machen daher das besondere Profil der jeweiligen (zu erlernenden) Sprache aus. Klein (2006b), S. 61.

Lexem *consumeix* erkannt: frz. *est consommé*, sp. *está consumido*, engl. *is consumed*.

des de fa segles

Die Assoziation mit *depuis de siecles* erschlossen sechs Schüler der Französischgruppe; sieben übersetzten es überhaupt nicht. Wieder wäre Sieb 3 der LE bei der Erschleißung von *fa* (kat.) – *fait* (frz.) und *segles* (kat.) - *siecles* (frz.) hilfreich gewesen. Weniger Schwierigkeiten hatten die Schüler der Spanischgruppe, die *des de* (kat.) richtig als *desde* (sp.) identifizierten und die Nähe von *segles* (kat.) als *siegle* (sp.) erkannten.

i que ha donat als seus habitants la llegenda de tenir una gran longevivat

Das Erkennen der panromanischen syntaktischen Struktur (5. Sieb) und der im Satz vorkommenden ausschließlich panromanischen Lexeme führte dazu, dass alle Schüler diesen Satz richtig erschlossen. Nur drei Schüler der Französischgruppe bezogen die *Langlebigkeit* nicht auf die Einwohner, sondern auf die Milch.

A partir de llet de vaca i en presencia.

Dieser Satz bot aufgrund der panromanischen Elemente wenige Schwierigkeiten und dennoch assoziierten drei Schüler der Spanischgruppe *A partir* mit dem spanischen *una parte*. Dies ist wohl mit der noch fehlenden Bewusstmachung des panromanischen Wortschatzes zu begründen, die die Schüler sicher auf das im Spanischen identische *a partir de* hätte schließen lassen.

en presencia de llevats y fongs

Nur drei Schüler der Französischgruppe, aber die Hälfte der Spanischgruppe erschlossen beide Wörter richtig. Sie erschlossen *fongs* aus dem Englischen *the fungus* oder ersetzten die Anfangsbuchstaben von *llevats* und *fongs* mit *h-*. Dies stellt, betrachtet man die Untersuchungen Lutjeharms (1994), die dem Anfangs-buchstaben eine entscheidende Rolle bei dem Erfolg der Erschließungsleistung zumisst, bereits eine große Kompetenz der Transferfähigkeit dar.

s'obté el Kèfir amb propietats alimentaries molt saludables
Die Panromanität des Verbs *s'obté* (frz. *obtenir,* sp. *obtener)* und dessen Nähe zum engl. *to obtain,* erleichterte die Erschließung ebenso wie der kontextuelle Bezug zur Herstellung von Kèfir.

Das Profilwort *amb* wurde von der Mehrheit richtig erkannt, was wiederum die Erschließung des folgenden Satzteils durch die kontextuelle Interpretation er-leichterte. Hilfreich war zusätzlich die Panromanität von *propietats (*frz. *propri-été,* sp. *propiedad),* der Nähe zum engl. *property* sowie das panromanische kat. *alimentaries* (frz. *les aliments,* sp. *los alimentos)* und dessen Ähnlichkeit mit dem englischen *the aliment.* Sowohl in der Französisch-, als auch in der Spa-nischgruppe bestand lediglich die Schwierigkeit, *molt* als *sehr* zu identifizieren; die Mehrheit schloss kontextbedingt und aufgrund morphologischen Ähnlichkeit auf das deutsche Wort *Molke.* Das Adjektiv *saludables* (kat.) war wiederum mit-tels der Anwendung des 1. und 2. Siebs für keinen Schüler eine unüberwindbare Hürde (frz. *saludable,* sp. *saludable)* und wurde richtig als *gesund* erschlossen.

ja que exercieux una influenica optima en la digestio indestinable
Dieser letzte Satz mit seinen panromanischen Elementen, seiner panromani-schen syntaktischen Struktur, und den im Romanischen wie im Deutschen vor-handenen Internationalismen (kat. *exercieux* ≈ frz. *exécuter,* sp. *executir,* engl. *to execute,* dt. *exekutieren/ausführen;* kat. *influencia* ≈ frz. *influence,* sp. *influen-cia,* engl. *influence,* dt. *Influenz/Beeinflussung; optima* ≈ frz. *optimal,* sp. *opti-mal,* engl. *optimal,* dt. *optimal)* wurde von allen Teilnehmern richtig übersetzt.

Ergebnis des Fehlerscannings

Alle Schüler, so ergab die Auswertung des Fehlerscannings, erfassten den Inhalt
des Textes *Kèfir* ohne Hilfestellungen und gaben diesen sinngemäß in ihrer Muttersprache Deutsch wieder. Zwar waren viele Schüler vor der bearbeitung des
Textes skeptisch, ob der Möglichkeit einen „fremdsprachlichen" Text übersetz-
zen zu können, doch das Ergebnis des Fehlerscannings verdeutlicht, in welchem
Maße die Schüler bereits in der Lage waren, kontextuelle und panromanische
Bezüge im Erschließungsprozess der scheinbar unbekannten Sprache trotz eini-
ger Fehlschlüsse herzustellen.

Betrachtet man die Fehlerquellen etwas genauer, so fällt auf, dass die meisten
Fehler im Bereich des panromanischen Wortschatzes (2. Sieb) und im Profil-
wortschatz (7. Sieb) begangen wurden.[23] Je nach Grad der Nähe zu der jeweiligen Brückensprache (Französisch oder Spanisch) wurden auch Fehlschlüsse im
Bereich der Lexik gezogen. Internationalismen, panromanische syntaktische
Strukturen wurden dagegen mehrheitlich richtig übersetzt und auch im Bereich
der Morphosyntax wurden so gut wie keine Fehler gemacht.

Die Optimierung der in diesem kurzen Vortest unter Beweis gestellten interkomprehensiven Fähigkeiten war Ziel der folgenden Einheiten der interkomprehensiven *Projektwoche* und sollte am Ende in Form eines anspruchsvolleren Ab-
schlusstestes in der Zielsprache Italienisch überprüft werden.

---

[23] Dies hängt mit der Repräsentierung der nicht sofort erschließbaren Wörter (Profilwörter) im episodischen
Gedächtnis zusammen. Erst nach einer mehrfachen kontextuellen Anwendung dieser profilhaften Lexeme kann
das semantische Gedächtnis auf diese zugreifen und im mentalen Lexikon als Profilelement abspeichern. Klein
(2006a), S. 6.

4.2   Zweiter Tag: Einführung in die Technik des
Optimierten Erschließens

Zu Beginn des 2. Projekttages wurde nach der Vorstellung der wichtigsten EU-Postulate zur Mehrsprachigkeit die Prinzipien der Methode EuroCom, die den Weg zur europäischen Mehrsprachigkeit ebnen, vorgestellt. Diese besteht, so erfuhren die Schüler durch animierte Darstellungen, zum einen aus der Optimierung von Inferenztechniken und zum anderen aus der Nutzung des Transferinventars durch die *7 Siebe* auf Grundlage des Englischen und einer Sprache aus

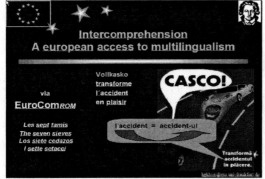 der Romania (idealerweise dem Französischen). Die verschiedenen Inferenztechniken, das Logikkalkül, die Phantomworte, die Kontextualisierung und die romanischen Transferbasen wurden den Schülern mittels eines Phantasietextes *Walusen Katunteln?*[24] sowie einer rumänischen Werbung für eine Vollkaskoversicherung (Abb.) näher gebracht.

Nun bekamen die Schüler die Möglichkeit, sich im optimierten Erschließen an einem italienischen Programmtext aus dem Internet (*Eurosport.it*) zu versuchen. Durch animierte Hilfestellungen erkannten die Schüler schnell die Ergiebigkeit ihres Vorwissens, welches sich aus dem Englischen und einer romanischen Brückensprache (Französisch oder Spanisch) zusammensetzt. Durch das damit verfügbare Transferwissen waren die Schüler in der Lage, *Internationalismen*, also jene Elemente, die in einem nahverwandten Text aufgrund ihrer Ähnlichkeiten

---

[24] vollständiger Phantasietext: *Kalusen watunteln. Wilusch ist Kaluse. Wer watuntelt, der semantelt. Semantelt Wilusch?*, tag2-1ppt.

am schnellsten erschließbar sind, zu erkennen. Dazu gelang es ihnen *Lautentsprechungsregeln* nachzuvollziehen, *Graphie und Aussprache* in Beziehung zu setzen sowie die Panromanität vieler italienischer Begriffe zu erschließen.

Eine an die Textübertragung folgende Übung zur Erschließung italienischer Internationalismen (1. Sieb) [25] führte den Schülern die Ergiebigkeit der romanischen Transferbasen (1. Sieb) vor Augen. Deutsche, englische und französische *Internationalismen* waren in dieser interaktiven Übung den italienischen Äquivalenten zuzuordnen - das Bewusstsein über diese große Transferquelle wurde so gestärkt.

Im Folgenden wurde der Begriff des *Sprachtransfers* eingeführt und unter Mithilfe der Schüler dessen nutzbares Potential erarbeitet.

Aufgabe

Schieben Sie mit der Maus das deutsche, englische oder französische Wort zu dem entsprechenden italienischen Wort (linke Maustaste gedrückt halten).

fertig   Musterlösung   rücksetzen

Kategorie	categoria
international	mattina
Gymnastik	leggende
Matinée	programmi
competition	storia
Grèce Grecia	informazioni
Legenden	coppa
to defend	Turchia
Formel	internazionale
Programme	competizione
Terz tercero	diffendere
heure hora	terzo
Historie	successo
success	titolo
homme hombre	campione
Informationen	campionato
Titel	ginnastica
soulèvement	Grecia
Cup	formula
Champion	ora
poids peso	uomo
Turquie	sollevamento

So wurde den Schülern bewusst, dass der außertextuelle Informationskomplex und das textrelevante Vorwissen sehr ergiebig beim Vorgang des Sprachtransfers, d.h. dem optimierten Erschließen sein können. Darüber hinaus helfen intralinguale und schriftinduzierte Universa-

---

[25] taginterItalTest.htm

lien sowie interlinguale Transferuniversalien, sprachliche Phänomene zu transferieren.

Bevor ein weiterer italienischer geographischer Text den Schülern zum Erschließen vorgelegt wurde, ging Prof. Dr. Klein auf das in der Regel jedem Schüler bekannte Transferpotenzial ein. Dieser setzt sich in der Regel aus ca. 5000 Internationalismen im Deutschen, geographischen Begriffen und Namen, dem Englischen und mindestens einer romanischen Brückensprache zusammen. Hinzu kommen das abrufbare *Weltwissen* und das *Logikkalkül*, welches die Schüler bei der Bearbeitung des geographischen Textes Roma anwenden konnten.

Geografischer Erschließungstext „Roma" mit Assoziationshilfe[26]

Die in der PowerPoint-Folie (Abb. S.37) eingeblendete Transferhilfe hilft den Lernern mit der Brückensprache Französisch, die *panromanische Syntax, die*

---

[26] tag2-3.ppt

panromanische Lexik und *die Internationalismen* des Italienischen zu erschließen.

In der folgenden Übung wurde das 2. Sieb des *panromanischen Wortschatzes*
vertieft.[27] Je nach Kenntnissen des Französischen bzw. Spanischen waren Begriffe aus der romanischen Brückensprache den italienischen Entsprechungen zuzuordnen. Die Schüler erkannten ein weiteres Mal die Ergiebigkeit dieses Trans-
ferpotentials.

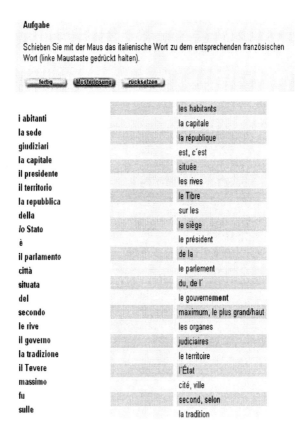

Interaktive Übung zum panromanischen Wortschatz

---

[27] tagPWtestFRZ.htm

Die Schüler wurden im weiteren Verlauf mit einem deutschen (Abb.) und einem englischen Text, die viele *panromanische Wörter* enthielten, konfrontiert.[28] Spätestens bei der Einblendung der romanischen Äquivalente zu den *panromanischen Wörtern* des Deutschen sahen alle, in welchem Maße das Deutsche mit seinem Fremd- und Lehnwortschatz romanisch geprägt ist.

Auch das Englische, das in der Lexik hochgradig romanisch beeinflusst ist, stellte sich als wichtige Transferquelle heraus.[29]

Textausschnitt zum panromanischen Wortschatz im Deutschen[30]

Die Schüler reagierten in der darauf folgenden interaktiven Zuordnungsübung[31] teilweise überrascht auf die Tatsache, dass man zahlreiche Lexeme des Englischen aufgrund des hohen Grades an Panromanität leicht dem Italienischen zuordnen kann und die Erschließung italienischer Wörter mit der bewussten Anwendung dieser Inferenztechnik erheblich erleichtert wird.

---

[28] Texte in: Klein/Stegmann (2001), S. 39; tag panromeng.ppt.
[29] vgl. Klein/Reissner (2006); tag2-4.ppt.
[30] tag2-4.ppt
[31] tagPWtestEngl.htm.

Der zweite Projekttag wurde mit der Erschließung des italienischen Textes *Le monete in euro* abgeschlossen. Es handelt sich aufgrund des bekannten Kontextes, der Aktualität des Themas und den panromanischen Elementen um einen hochgradig interkomprehensiblen Text der Europäischen Zentralbank, die über die Euro-Münzen und ihre Aussehen informiert.

Italienischer Text „Le monete in euro" mit Transferhilfen [32]

Den Schülern wurden bei der Erschließung wiederholt die Vorteile der Inferenztechniken, mit denen sie durch die Erkennung von *Internationalismen, Lautentsprechungen, morphosyntaktischen Entsprechungen* und *panromanischen Syntaxentsprechungen* einen italienischen Fachtext erschließen können, in der gemeinsamen Erarbeitung per PowerPoint veranschaulicht.

Die flash-animierten Einblendungen stellten zu jedem Wort wie in obiger PowerPointfolie beispielhaft dargestellt eine Transferhilfe bereit, die die Schüler beim Erschließungsvorgang unterstützten.

---

[32] tag2-5.ppt

4.3   Dritter Tag: Italienische Graphien , Lautentsprechungen und

**   *Hypothesengrammatik***

Am dritten Projekttag wurden den Schülern durch die gemeinsame Rekapitula-
tion des bereits erfolgreich Erschlossenen noch einmal die bereits beherrschten
und neu gelernten interkomprehensiven Fähigkeiten bewusst gemacht.

Prof. Dr. Klein demonstrierte, in welchem Maße sich die Methode EuroCom den
neuesten Erkenntnissen aus Neurolinguistik, kognitiver Linguistik und der
Mehrsprachigkeitsdidaktik zu nutze macht. Die Schüler konnten nachvollziehen,
dass sich durch das kognitive Erschließen einer Fremdsprache über EuroCom im
Vergleich zu den Methoden des herkömmlichen FSUs (wie beispielsweise Vor-
sprechen des Lehrers und Nachsprechen der Schüler) die meisten Sprachspei-
cherzentren aktiviert werden und eine entscheidende Verbahnungsverstärkung
zwischen den verschiedenen schon abgespeicherten *tags* erfolgt. Den Schülern
wurde verdeutlicht, dass eine Verbindung umso besser wird, je häufiger sie be-
nutzt wird.[33] EuroCom stützt sich auf die neurophysiologische Forschung, die
davon ausgeht, dass bei diesem Bahnungsprozess „synaptische Impulse so verstärkt werden, dass schon ein geringes Aktionspotential ausreicht, um eine Verbindung zu schalten."[34] In nachfolgenden Grafiken wird die Verbahnungsverstärkung durch die Methode EuroCom eines Konzepts („Wasser") der Vernet-
zung des Konzepts ohne der Strategie EuroCom gegenübergestellt:

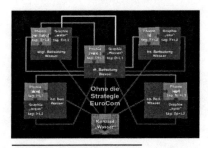 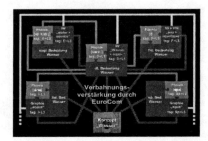

---

[33] Müller Lancé (2002), S. 134.
[34] Ebd.

Im weiteren Verlauf wurden den Schülern Kontaktzeigen in italienischer Sprache, die sich aufgrund der altersgerechten Thematisierung und angemessenen
Schwierigkeitsgrad als sehr motivationsfördernd herausstellten, vorgelegt.

Erschließungstext: Italienische Kontaktanzeige mit Transferhilfen [35]

In Partner und Gruppenarbeit erschlossen die Schüler überwiegend erfolgreich
mit den bereits erlernten Techniken der Methode EuroCom die Kontaktanzeigen. Nach der Bearbeitung durch die Schüler wurden die Texte gemeinsam per
PowerPoint rekapituliert.

Durch animierte Einblendungen wurden nachfolgend vor allem die für die
Kontaktanzeigen hilfreichen Siebe der *Panromanischen Syntax*, der
Lautentsprechungen und der *Morphosyntax* eingeführt. Diese wurden
systematisch gegenübergestellt und den Schülern so die erlernten
Erschließungstechniken vor Augen geführt.

---

[35] tag3-1.ppt

Ebenso erfolgreich begegneten die Schüler einem Nachrichtenausschnitt zum
11. September, einem Wetterbericht aus dem italienischen Fernsehen sowie ei-

nem Ausschnitt aus dem Schweizer Fernsehen zum gleichen Thema in Schwyzer-dütsch.[36]
In einer anschließenden Diskussion wurden Eindrücke der Schüler zu der zunächst fremd wirkenden Sprache gesammelt.

Den Schülern waren vor allem die fremde Intonation, Lautunterschiede zum
Deutschen (z.B. Nasale), andere Endungen sowie die im Deutschen nicht übli-
che Verwendung von Wörtern wie „redd" und „wo" als Realtivpronomen aufge-
fallen.

Es stellte sich dabei heraus, dass die Schüler in der Lage waren, profilhafte
Merkmale der ihnen unbekannten Aussprache herauszufiltern und fruchtbare
Bezüge zu ihrer Muttersprache herzustellen.

Zwar wurden die wahrgenommenen Unterschiede zum Deutschen herausge-
stellt, doch keiner vermochte das Schwyzerdütsche als Fremdsprache zu be-
zeichnen, hatten doch alle den Sinn des Nachrichtenspots verstanden. Die Aktivierung des Vorwissens durch den bekannten Kontext und die Kenntnis über das
Genre „Nachrichten" half den Schülern unbewusst Hypothesen zu den unbekannten Lautstrukturen zu bilden und Analogien zum Deutschen zu erkennen.

---

[36] tag3-4.ppt

Zu ähnlichen Einsichten kamen die Schüler nach Beschäftigung mit einem zum gleichen Thema ausgestrahlten TV-Spot aus dem belgischen Fernsehen in flämischer Sprache.[37] Nach dem Zusammentragen erster Eindrücke und offensichtlicher Unterschiede zum Deutschen wurde den Schülern viele Gemeinsamkeiten des Schwyzerdütschen und Flämischen mit dem Deutschen deutlich. Die Fremdheit des Schwyzerdütschen und Flämischen zum Deutschen wurde nach dem für einige Schüler überraschend großen Erschließungserfolg von der Klasse in Frage gestellt.

Wie zwischen dem Schwyzerdütschen, dem Flämischen und dem Deutschen, so existieren auch zwischen den romanischen Sprachen Gemeinsamkeiten. Jene zwischen dem Italienischen, Französischen und Spanischen realisierten die Schüler durch das Erstellen spontaner Hypothesenbildungen über Lautentsprechungen, die es ihnen erlaubten, den Sinn italienischer Texte global und detailliert zu erschließen.[38] Mit den aus den vorangegangenen Übungen wieder vergegenwärtigten Erschließungstechniken und dem dabei ablaufenden interlingualen Vergleich konnten die Schüler ihre *Hypothesen- bzw. Spontangrammatik* weiterführen (S. 45). Die Erstellung und konsequente Weiterführung der *Hypothesengrammatik* ist im interkomprehensiven Lernprozess von großer Bedeutung. Nach Meißner (2004:43) entsteht diese bei der ersten Begegnung mit einer einigermaßen interkomprehensiblen oder transparenten Sprache (in der *Projektwoche* war dies das Italienische) und zwar im Moment des ersten Dekodationsvorgangs der *unbekannten,* zuvor nicht formal erlernten sprachlichen Strukturen. Diese von den Schülern erstellte *Spontangrammatik* wurde in dem Maße modifiziert, wie sich das *deklarative* und *prozeduale* Wissen auf den systemischen Charakter des Italienischen einstellte und seinen Umfang erweiterte.

---

[37] tag3-3.ppt.
[38] Die italienisch-romanischen Lautentsprechungen, die bei der Texterschließung von Bedeutung sind, sind in Kap. 9.3. aufgelistet.

Hypothesengrammatik

Ihr habt ohne größere Probleme einen italienischen Text übersetzt, weil euch eure Sprachkenntnisse in Französisch (Spanisch), in eurer Muttersprache und in anderen Sprachen geholfen haben.
Diese Tabelle soll euch nun helfen, eure Ideen (Hypothesen) zur Grammatik der französischen/spanischen Sprache zu ordnen und weiterzuentwickeln.

	Meine Ideen (Hypothesen) zu:				**Beziehungen / Unterschiede**
	Italienisch		**Vgl. Frz./Sp.**		
Artikel (feminin/maskulin, Singular/Plural, bestimmt/unbest.)					
	Sg.	**Pl.**	**Sg.**	**Pl.**	
Substantiv (Genuszeichen) (Pluralendungen,m/f)					
Adjektiv (accord – ja/nein; wenn ja: wie? Stellung: vor/nach N)					
Possessivpronomen (mein, meine, dein, deine, ….)					
Personalpronomen (ich, du, er, sie, es..)					
Konjunktionen (und, aber, weil…)					

Die Überleitung zur Systematisierung der romanischen Lautentsprechungen war darauf folgend nur ein kleiner Schritt. Mit den *graphophonischen Sieben* (3. und 4. Sieb) erreicht man beim Erschließungsprozess in allen Sprachen der romanischen Gruppe einen wesentlich erweiterten und beschleunigten lexikalischen Zugriff. Dies hat mit den gemeinsamen Wortrepräsentationen zu tun, die sprachübergreifend wirksam sind. Der Lerner baut bei der Beschäftigung mit den graphophonischen Sieben eine *language awareness* auf, ohne dabei historische Sprachwissenschaft betreiben zu müssen. Er erwirbt sich schnell ein Wissen darüber, wie heute bestimmte Lautverbindungen der *einen* Sprache Lautverbindungen der *anderen* Sprache entsprechen. Durch die Verbindung visueller und akustischer Wahrnehmung kommt den graphophonischen Sieben eine *Schlüsselstellung* beim Ermitteln von Zusammenhängen zwischen mehreren nahverwandten Sprachen zu.[39] In einer weiteren Einheit wurden einige der Lautentsprechungsregeln des Italienischen demonstriert (s. Abb. rechts). Den Schülern wurden so jene panromanischen Regelmäßigkeiten vor Augen geführt, die sie zum Teil in den vorherigen Übungen unbewusst angewandt hatten.[40]

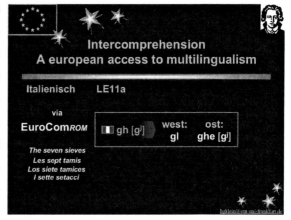

---

[39] Klein (2006b), S. 53, 54; Jüngere Forschungen zum neuronalen Modell assoziativer Netze (Foster, 2005) zeigen, dass die gleichzeitige visuelle Wahrnehmung zweier graphischer Objekte bei der Erwähnung nur eines Einzelteils der Lautentsprechung zu einer Verstärkung der Synapsen und zu einer Aktivierung des gesamten Netzes führt. Parallel dazu wirkt bei der Aktivierung des visuellen Netzes auch das akustische Netzwerk mit. Dies ist ein Musterfall für die synergetische Wirkungsweise unserer Transfersiebe im mehrsprachigen Gehirn, die EuroCom beim Trainieren der Lautentsprechungen gezielt zu nutzen versucht. Zur Visualisierung dieser Parallelitäten ist deshalb in allen EuroCom Internetprogrammen eine flash-animierte Version gewählt worden. Foster (2005), in: Klein (2007), S. 2.
[40] tag3-5.ppt

Der dritte Projekttag wurde mit der Vertiefung des 4. graphophonischen Siebs der *Graphien und Aussprachen* abgeschlossen.

Dieses Sieb beruht auf der Erkenntnis, dass romanische Sprachen zwar zum größten Teil eine gemeinsame Schreibtradition besitzen, d.h. sie geben die entsprechenden Laute oft mit den gleichen Buchstaben wieder. Ein kleinerer Teil der Laute wird allerdings in den verschiedenen Sprachen unterschiedlich geschrieben. Ein Wort tritt dann mit einem *Make-up* auf, das seine direkte Beziehung zu den anderen Sprachen verhüllt. Es gilt daher, das Wort so abzuschminken, dass es "demaskiert" wiedererkannt werden kann.

Ein italienischer Werbespot der Firma *Sisco Systems*[41] (Abb.) zur Netzsicherheit wurde von allen Schülern, die dazu minimale Vorinformationen bekamen, sofort erschlossen. Nach mehrmaligem Hören wurde zusätzlich der transkribierte Text der Sprecher und die zu den einzelnen Text-

elementen entsprechenden Erschließungshilfen eingeblendet.

Der italienische Klassiker *Azzurro* von Adraiano Celantano sorgte am Ende des dritten Tages nach Phasen der Konzentration für eine willkommene Aufmunterung.[42] Die Schüler verfeinerten durch das Hören und Mitsingen ihr Gespür für die italienische Phonetik. Das Lied wurde wie andere zwischen den folgenden Projekteinheiten immer wieder eingespielt.

---

[41] tag3-6.ppt
[42] Azzurro.ppt

4.4   Vierter Tag: EuroCom e-learning, die panromanische

Syntax und erste Sprachproduktion

Auf das Projekt begleitende e-learning Portal der Methode EuroCom*Rom*, das
für Jedermann kostenlos unter www.eurocomprehension.de aufrufbar ist, wurde zu
Beginn des 4. Tages eingegangen und von Schülerseite ein positives Feed-back
gegeben. Ein Werbetext zu Fiat aus dem EuroCom-Online Modul wurde gemeinsam in vier Lernschritten (s. Kap. 3.1) erarbeitet.

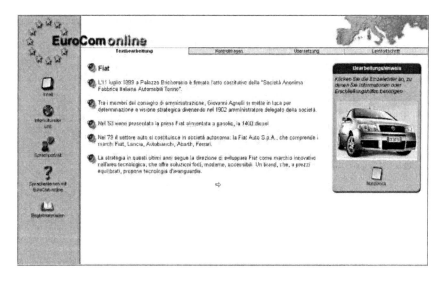

Spanischer Werbetext „Fiat" [43]

Als Beispiel für eine mögliche aber nicht notwendige Hilfestellung im Sinne
einer Kontextualisierung und Aktivierung des Vorwissens wurde der *interkulturelle Link* zu dem Thema *Fiat* aufgerufen. Darin werden Vorinformationen zur
Abbildung, zur Textsorte und zum kulturellen Mythos *Fiat* in Italien gegeben.

---

[43] tag4-1.ppt

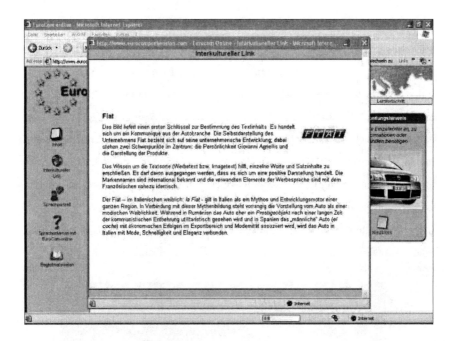

Interkultureller Link („Fiat")

Im Mittelpunkt stand im weiteren Verlauf die Präsentation und Einübung des 2. Siebs der Panromanischen Syntax und die Überleitung von der rezeptiven Sprachverarbeitung zur Sprachproduktion.

Das 2. Sieb der panromanischen Syntax, so hatten die Schüler aufgrund ihrer intensiven Erfahrung mit der Interkomprehension in den drei voran gegangenen Tagen gelernt, nutzt die zahlreichen Parallelitäten syntaktischer Strukturen der romanischen Sprachen. Unter den 9 Kernsatztypen in den romanischen Sprachen gibt es keine wesentlichen Unterschiede. Strukturell sind sie alle gleich. Das gilt auch für die übrigen syntaktischen Strukturen. Der Solidaritätsgrad der Syntaxen der romanischen Einzelsprachen ist erstaunlich hoch. Die Unterschiede beschränken sich auf sehr wenige Phänomene.

Es ist durch viele Tests belegt, dass das syntaktische Erschließen in der Regel als unbewusster Transfer stattfindet- die Interkomprehension funktioniert weitgehend *lexicon-driven.*(Erst wenn man sich mit komplexeren Sätzen beschäftigt, setzt das bewusste Reflektieren über syntaktische Strukturen ein. Erkenntnisse aus der Psycholinguistik über das mentale Lexikon bestätigen diese Annahme.) [44] Es genügte also, dass sich die Schüler bei den nachfolgenden Beispielen der panromanischen Syntax die animierten Abläufe der verschiedenen Strukturen ansahen und zum Schluss einer jeden Animation das Beispiel zur reflektierten Analyse auf sich wirken ließen.

In der folgenden PowerPoint-Folie sieht man den ersten der insgesamt neun romanischen Kernsatztypen ausgehend von der Brückensprache Französisch:

Darstellung des ersten der insgesamt neun romanischen Kernsatztypen[46]

Die anschließende Gruppenarbeit bestand in der Vertiefung der neun Kernsatz-strukturen mittels einer Übertragung deutscher Sätze in eine dem Schüler bekannte romanische Sprache. Den Schülern stand die Liste der panromanischen Kernsatztypen dabei als Hilfe zur Verfügung.

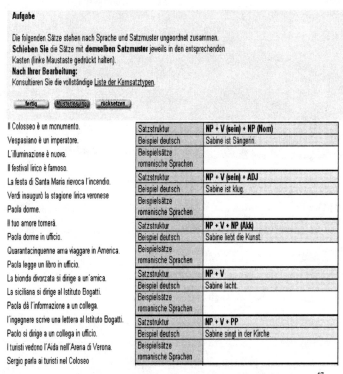

Aufgabe

Die folgenden Sätze stehen nach Sprache und Satzmuster ungeordnet zusammen.
Schieben Sie die Sätze mit **demselben Satzmuster** jeweils in den entsprechenden Kasten (linke Maustaste gedrückt halten).
Nach Ihrer Bearbeitung:
Konsultieren Sie die vollständige Liste der Kernsatztypen.

fertig   Musterlösung   rücksetzen

Il Colosseo è un monumento.	Satzstruktur	NP + V (sein) + NP (Nom)
Vespasiano è un imperatore.	Beispiel deutsch	Sabine ist Sängerin.
L'illuminazione è nuova.	Beispielsätze romanische Sprachen	
Il festival lirico è famoso.		
La festa di Santa Maria rievoca l'incendio.	Satzstruktur	NP + V (sein) + ADJ
Verdi inaugurò la stagione lirica veronese	Beispiel deutsch	Sabine ist klug.
Paola dorme.	Beispielsätze romanische Sprachen	
Il tuo amore tornerà.	Satzstruktur	NP + V + NP (Akk)
Paola dorme in ufficio.	Beispiel deutsch	Sabine liebt die Kunst.
Quarantacinquenne ama viaggare in America.	Beispielsätze romanische Sprachen	
Paola legge un libro in ufficio.		
La bionda divorziata si dirige a un'amica.	Satzstruktur	NP + V
La siciliana si dirige al Istituto Bogatti.	Beispiel deutsch	Sabine lacht.
Paola dà l'informazione a un collega.	Beispielsätze romanische Sprachen	
l'ingegnere scrive una lettera al Istituto Bogatti.	Satzstruktur	NP + V + PP
Paolo si dirige a un collega in ufficio.	Beispiel deutsch	Sabine singt in der Kirche.
I turisti vedono l'Aida nell'Arena di Verona.	Beispielsätze romanische Sprachen	
Sergio parla ai turisti nel Coloseo		

Transferübung zu den Kernsatztypen/panromanischen Syntax[47]

Der am vierten Tag sich merklich einstellende Lernerfolg ging mit einer gestiegenen Motivation der Schüler und deren Gefühl das Italienische in einem gewissen Maß zu beherrschen einher. Viele Schüler äußerten den Wunsch nun auch mit Sprechübungen zu beginnen.

---

[47] tagSyntaxUebung.htm.

Dem Wunsch wurde mit den zwei kulinarischen Themen *Cucina italiana*[48] und *Bevande*[49] Rechnung getragen. Zunächst wurde eine italienischen Speise- und Getränkekarte per PowerPoint vorgelesen (Abb.) und anschließend in Gruppenarbeit vertieft. Die Schüler hatten zur Kontrolle des Verständnisses zwei Fragen zu beantworten. In einem daran anschließendem Rollenspiel zwischen Lehrenden und Schülern wurde das Bestellen von Speisen und Getränken in einem italienischen Lokal imitiert. Die Lerner, die aufgrund ihrer Erfahrungen mit den *7 Siebe* Kenntnisse der italienischen Sprachstrukturen und der Phonetik besaßen, waren in der Lage einfache Sätze zu bilden und kurze Dialoge zu führen. Mit viel Freude schlüpften die Schüler in die Rolle eines Restaurantgastes und bestellten italienische Speisen und Getränke, die die Lehrenden als Kellner mit einem: freundlichen: *„Prego, cosa prende, signore/a?"* entgegen nahmen.

Abschließend wurde gemeinsam das italienische Lied *Bella Ciao* in Karaokeform gesungen. Dies diente der weiteren Annäherung an die italienische Phonetik. Die Verbindung von *Graphie und Aussprache*, die im 4. Sieb dargestellt wird, ist auf diese Weise sehr schnell erfassbar und einprägsam. Die wichtigsten

---

[48] tag4-5.ppt
[49] tag4-6.ppt

Regeln der Aussprache und Schrift des Italienischen sind unter 9.1 zusammengefasst. Die Schüler erlebten dabei die oben erwähnte „synergische Wirkungsweise eines Transfersiebs im mehrsprachigen Gehirn."[50] Im Gegensatz zu oft
mühsamen Phonetikkursen hat diese visuell-akustische Vermittlung der italienischen Graphien und Aussprache den Vorteil, dass ein Liedtext samt der Melodie
sehr einprägsam ist und meist einen starken Motivationsschub bedeutet (s. S. 69
„Hör- und Sprechkompetenz"). Nach über vierstündiger Konzentrationsarbeit
der Schüler stellte sich das gemeinsame mehrmalige Singen des Liedes darüber
hinaus als Motivation fördernde Aufheiterung dar.

Ausschnitt des eingeblendeten Liedtextes „Bella ciao" [51]

Die Vermittlung rezeptiver Kompetenzen eröffnet, so wurde den Schülern am
vierten Tag deutlich, Möglichkeiten und Chancen zum Einstieg in die Ausbildung der sprachproduktiven Kompetenz.[52]

---

[50] Klein (2006a), S. 6.
[51] tag4-4.ppt

4.5   Fünfter Tag: Interkomprehensive Übungen und

                             Abschlussklausur

Der letzte Tag der *Projektwoche* wurde mit dem Motto *L'esercizio fa il maestro (Übung macht den Meister!)* eröffnet und sollte vor der *Abschlussklausur* die erlernten Erschließungsstrategien rekapitulieren und nochmals einüben. Zuvor wurden zur Auflockerung, Motivation und nicht zuletzt zum erneuten Einprägen der italienischen Phonetik (vgl. Kap. 6.1) mehrmals die italienischen Hits *Azurro* und *Bella Ciao* gesungen.

Dann wurden authentische Wetterberichte und Fernsehprogramme aus italienischen Programmzeitschriften[53], die dem sprachlichen Niveau der *Abschlussklausur* entsprachen, in Partner- und Gruppenarbeit mehrheitlich erfolgreich erarbeitet.

    Präsentation eines italienischen Wetterberichts und Transferhilfe [54]

---

[52] vgl. Klein (2006b), S. 58, 59.
[53] tag5-2.ppt
[54] tag5-1.ppt

4.5.1 *Abschlussklausur*: Textsituierung und Fehlerscanning

Mit dem Wissen, zahlreiche Texte in der zu Wochenanfang nur vermeintlich „fremden" Sprache, dem Italienischen, erschlossen zu haben, bearbeiteten die Schüler selbst- und sprachbewusst folgenden authentischen Text *A bordo*[55]:

Signore e Signori,

sono la signora Bianca Labella responsabile di cabina su questo aero, e Vi saluto a bordo del volo Lufthansa/Star Alliance per Roma. Vogliate allacciare le cinture e assicurate Vi che siano ben tese.

Vi raccomandiamo di rimanere allacciati anche per tutta la durata del volo. Durante questo volo non è permesso fumare. Vi auguro una buona permanenza a bordo anche a nome dei miei colleghi.

L'uso di telefoni cellulari è proibito durante tutta la sosta a bordo. Inoltre, i telefoni cellulari devono essere completamente disattivati.

Atterreremo a Roma Fiumicino puntualmente. Il comandante von Flugbold augura ancora un piacevole volo.

---

[55] tag5-3.ppt

Textsituierung: *A bordo* **(it.)**

Wie schon beim *Vortest* ist der Text der *Abschlussklausur* aufgrund seines klar strukturierten Textrasters und seinem bekannten Kontext leicht zugänglich. Der Text enthält eine Reihe italienischer Strukturwörter, die wie in anderen durchschnittlichen Texte 50-60 % des Vokabulars ausmachen (s. Kap. 9.3). Er enthält nur wenig unbekannte Details, die, werden sie nicht gleich erkannt, durch das Vorwissen und den Kontext leicht erschlossen werden können. Die hohe Wiedererkennungsquote der Struktur und die Erwartungshaltung bezüglich des Inhalts steigert die Motivation, welche durch den Gebrauchswert in möglichen zukünftigen Reisen nach Italien weiter verstärkt wird.

Der Text *A bordo* [56] ist in einen bestimmten den Schülern geläufigen Kontext eingebettet. Daher verfügen sich schon über bestimmte Vorinformationen und können diese aktivieren. Die Schüler stellen einen Sinnbezug der Texteinheit her, in diesem Fall die Ansage in einem Flugzeug vor dem Abflug und stellen während des Erschließens Hypothesen über den zu erwartenden Textwortlaut her. Überschrift und Abbildungen lassen den Texttyp erkennen und die Schüler erschließen auf dieser Grundlage die zu erwartenden Zeitformen der Verben. Die Sinngliederung ist leicht durch die Absätze zu erkennen. Diese möglichen Hypothesenbildungen bringen die Schüler dazu, das Kommunikationsziel und die Zielgruppe zu erahnen und erhöhen somit die Chance den Sinn des Textes zu verstehen.

---

[56] Klein (2004), S. 70-74.

Fehlerscanning der Texterschließungen

Wie schon bei der Auswertung des *Vortests*, werden im Folgenden die richtigen Erschließungen und die begangenen Fehlschlüsse der Schüler in der *Abschlussklausur* vor dem Hintergrund der erlernten Inferenztechniken (7 Siebe, Logikkalkül, Kontextualisierung und Vorwissen) analysiert.[57]

Die Überschrift *A bordo* wurde aufgrund der Nähe zum Französischen (*Au bord*), zum Spanischen *(A bordo)*, zum Englischen *(On board)* und nicht zuletzt zum Deutschen *(An Bord)* sowie aufgrund der kontextuellen und außersprachlichen Angaben, sprich den nebenstehenden Abbildungen und der Quellenangabe (*Deutsche Lufthansa AG, 2001*), fehlerfrei von allen richtig übersetzt.

Auch die Anrede *Signore e Signori*, bestehend aus drei Strukturwörtern des Italienischen, wurde nach der Identifikation der Textart, erleichtert durch die Überschrift, Bilder, Textstruktur und Quellenangabe sowie den hohen Grad an Panromanität und Internationalität, von allen richtig erschlossen.

Das italienische *sono* wurde lediglich von zwei Schülern mit dem Personalpronomen *sie* übersetzt. Alle anderen erschlossen dieses häufig vorkommende Strukturwort des Italienischen richtig.

La signora Bianca Labella wurde aufgrund des hohen Grads an Panromanität des Strukturworts *la signora* (sp. *la señora*, frz. *el seigneur)*, des Wissens um die Lautentsprechungsregel 3 (it. *–gn-* ≈ frz. *–gn-*, sp. *–ñ-)* und der leichten Identifizierung des femininen Eigennamens *Bianca Labella* (Endungs –a in Vormanamen typisch für feminine Eigennamen) von allen richtig erschlossen.

---

[57] Wie in Kap. 3 erwähnt sind dies auf den erhobenen und ausgewerteten Schülerdaten und Klausurergebnissen naheliegende Vermutungen, die in weiteren Erhebungen mit *loud-thinking* Protokollen untermauert werden könnten. vgl. Erhebungen Müller-Lancés (1999) und Meißners (2002).

Auch das italienische Adjektiv *responsabile* übersetzten aufgrund seiner Nähe zum englischen *responsable* und frz. *responsable* sowie dem spanischen *responsable* alle Schüler fehlerfrei.

Di cabina stellte, ist es doch ein Internationalismus und dem deutschen *Kabine* sehr nahe, für keinen Schüler eine Hürde dar. Ebenso fehlerfrei war die Übersetzung des Genetivpronomens *di* (Strukturwort), dessen Nähe zum frz. *de* und dem sp. *de* allen offensichtlich war.

Das italienische Strukturwort *questo* erschlossen zwei Schüler falsch, wobei die grafische Nähe zum frz. *question,* zum engl. *question* der Grund für die Fehlschließung *Frage* sein dürfte. Ein stärkerer Einbezug des Kontextes in den Erschließungsprozess und die Besinnung auf die italienischen Strukturwörter (Kap. 6.3), das Minilex sowie die panromanische Syntax (3. Sieb), welches an der Satzstelle kein Substantiv zulässt, hätte die Schüler sicherlich auf den richtigen Pfad gebracht.

Nur eine Fehlübersetzung trat beim italienischen Wort *aereo* (dt.: *Flug*) aufgrund seiner Panromanität (frz. *air*, sp. *aereo*) und seiner Eigenschaft als Internationalismus (engl. *air,* deutscher Anglizismus *Air)* auf.

Die Erschließung von *e Vi saluto* bereitete keine Schwierigkeiten. Nur zwei Schüler der Spanischgruppe interpretierten *saluto* fälschlicherweise im Sinne des Verabschiedens. Alle anderen erkannten kontextbedingt und aufgrund der Panromanität dieses Wortes (frz. *salúd*, sp. *saludar*), die sogar im Deutschen in Form des Wortes *salutieren* wirkt, die richtige Bedeutung.

A bordo del volo Lufthansa/Star Alliance per Roma wurde von allen richtig erschlossen. Die Bedeutung des zum zweiten Mal im Text auftauchenden Internationalismus *a bordo* ist ebenso naheliegend wie die des panromanischen Lexems *volo* (frz. *el vol*, sp. *el vuelo*) und der Name der Fluglinie *Lufthansa/Star Alliance*. Auch das kontextuell leicht erschließbare Adverb *per* und das üblicherweise in einer Ansage dieser Art folgende Flugziel, die Hauptstadt Italiens *Roma* stellte als geläufiger Internationalismus (engl. *Rom*, frz. *Rome*, sp. *Roma,* dt. *Rom*) kein Hindernis in der Erschließung dar.

Vogliate alleciare le cinture erschlossen alle bis auf zwei Schüler richtig. Dabei war *vogliate* als Strukturwort ebenso problemlos zu erkennen wie das panromanische *le cinture* (frz. *le ceinture*, sp. *el cinturón).* Das auf den frz. Terminus *attacher* zurückgehende *alleciare* wurde auf Grund der Assoziation mit der französischen Entsprechung oder der bewussten kontextuellen Erschließung, mittels der Textart, die Anrede *volgiate* sowie dem Objekt *le cinture* richtig übertragen.

Assicurate che siano ben tese deuteten drei Schüler als Aufforderung, den Sitz gerade zu stellen. Die Mehrheit der Französischgruppe assoziierte das französische *et rassurez-vous* und erkannte die Panromanität von *assicurate* sowie das Relativpronomen *che* (frz. *qui*) und das Adverb *ben* (frz. *bien),* beides Strukturwörter des Italienischen. Die Schüler mit der Brückensprache Spanisch erkannten ebenfalls die panromanische Syntax und die panromanischen Wörter. So war der Schluss von *assicurate* (it.) auf *asegurarse* (sp.), von *che* (it.) zu *que* (sp.) und *ben tese* (it.) zu *bien tieso* (sp.) ein einfacher.

Vi raccomandiamo wurde mit Hilfe des 6. Siebs der morphosyntaktischen Elemente (Erkennung der 1. Person Plural) und mit der damit einhergehenden Assoziation mit den französischen, spanischen und englischen Äquivalenten von allen richtig erschlossen.

Rimanere allacciati wurde von vielen Schülern trotz der Entsprechung von *rimanere* zum engl. *to remain* und von *allacciati* zum frz. *attaché* und dem sp. *atado* nicht erkannt. Die Erkennung von *allacciati* spricht dafür, dass im zuvor vorkommenden Satz *vogliate alleciare le cinture* die Erschließung das Verb *alleciare,* kontextuell erfolgte. Die Erschließung zu erschweren scheinen der Doppelkonsonant –ll- in *allacciati* bzw. die fehlende Kenntnis des Wortes in der jeweiligen Brückensprache. Hier wäre ein Einbezug des Kontextes und vor allem des voran gegangenen, zitierten Satzes sicherlich hilfreich für einen Ziel führenden Rateprozess gewesen.

Der Abschnitt *anche per tutta la durata del volo.* wurde wiederum von allen richtig übersetzt, was dafür spricht, dass die Schüler alle das italienische Profilwort *anche* gelernt bzw. es aus dem ihnen bekannten Kontext und den folgenden Satzteilen richtig erschlossen haben. Die Lexeme *per tutta la durata del volo* haben allesamt einen hohen Grad an Panromanität und sind dem sp. *durante todo el vuelo* sehr nahe. Auch den Französischbrückensprachlern fiel es nicht schwer, trotz des im Französischen auftretenden Profilwortes *pendant* für *durante* (it.), die panromanische Syntax und Wortschatz richtig zu übertragen. An der adverbialen Bestimmung *durante de questo volo* wurde die panromanische Syntax, die Lautentsprechung bezüglich des Demonstrativpronomens *questo* und die Panromanität von *volo* (frz. *le vol,* sp. *el vuelo*) von allen Schülern erkannt.

Die panromanische Infinitivkonstruktion *non e permesso fumare* wurde auf Grundlage der hier anwendbaren panromanischen Formel *permesso + Infinitiv* von allen richtig erkannt und übersetzt. Das 5. Sieb gibt eine Hilfestellung für die Erkennung der Infinitivform *fumare* (frz. *fumer,* sp. *fumar* ebenso) wie das panromanische *non* (frz. *non,* sp. *no*) das auch als Internationalismus und Strukturwort (engl. *no*) erkannt wurde.

Der Satz *Vi auguro una buona permananza a bordo* wurde von der Mehrheit richtig erschlossen. Die Profilhaftigkeit von *vi auguro* war nur für eine Schülerin eine Schwierigkeit, die es mit *ich denke"* übersetzte und nicht mit dem frz. *je vous souhaite* assoziierte. Der übrige Satz wurde wiederum aufgrund der panromanischen syntaktischen Struktur (5. Sieb) mit dem frz. *un bon sejour a bord* und dem spanischen *una buena permanencia a bordo* in Verbindung gebracht und entsprechend übersetzt. Nur ein Schüler übersetzte *permanaza* nicht und ein weiterer assoziierte wohl vom Kontext fehlgeleitet *permananza* mit *Sicherheitsmaßnahmen*

Anche a nome dei miei colleghi wurde von allen aufgrund der panromanischen Syntax, dem panromanischen Wortschatz, der Strukturwörter (*a, die, miei*) und den Internationalismen *(nome, colleghi)* richtig übersetzt.

L'uso di telefoni cellulari wurde mit der frz. Entsprechung *L'usage de téléphone cellulaire* und der spanischen *El uso de teléfonos celulares,* dem englischen *The use of mobiles/telephones/celulare* von allen richtig erschlossen. Die Pluralform der Wörter *di, telefoni* und dem Adjektiv *cellulari* wurde an der für die Ostromania typischen Pluralendung *-i* (6. Sieb- Morphosyntaktische Elemente) richtig erkannt.

È proibito durante tutta la sosta a bordo ist aufgrund seiner panromanischen Syntax, dem panromanischen Wortschatz (2. Sieb) (sp. *es prohibido durante la estancia a bordo,* frz. *est prohibé pendant toute la séjour a bord*) sowie der bekannten Strukturwörter (*è, durante, tutta*) für alle Schüler leicht erschließbar. Des Weiteren helfen die richtige Übersetzung des ersten Satzteils und die Bewusstmachung des Kontextes Anweisungen an Fluggäste vor Abflug beim Erschließen.

Auch der Sinn des Satzes *Inoltre, i telefoni cellulari devono essere completamente disarrivati.* wurde von den Schülern richtig erschlossen. *Inoltre* wurde mit der frz. Entsprechung *En outre* und der sp. *En otro caso* sowie dem englischen *In other case* bis auf einen Schüler, der *andernfalls* erschloss, von allen richtig übersetzt. Auch die Pluralform *i telefoni cellulari* wurde wie zuvor unter Kenntnis des 6. Siebs [ME] richtig erkannt. Die panromanische Konstruktion Modalverb + Infinitiv *devono essere* wurde ebenfalls von allen richtig erkannt (frz. *doivent etre*, sp. *deben ser*). Die Endung des Adverbs *completamente*, welches zum internationalen und zum panromanischen Wortschatz gehört, wurde von allen Schülern richtig übersetzt. Lediglich das Partizip *disarrivati,* welches zum panromanischen Wortschatz gehört (frz. *désactivé*, span. *inactivo*), wurde einmal als *nutzlos* erschlossen, wobei zumindest auf morphosyntaktischer Ebene die Vorsilbe *des-* richtig interpretiert wurde.

Atterreremo a Roma Fiumicino puntualmente. entspricht mit seinem hohen panromansichen Grad der Syntax und des Wortschatzes sowie der Morphosyntax in *Attereremo* und *puntualmente* dem sp. *Aterrizaremos en Roma Fiumicino puntualmente.* und dem frz. *Aterrirons à Rome Fiumicino à l'heure (pounctuel).* Bis auf eine Schülerin, die die zeitliche Dennotation des Lexems *puntualmente* zwar erkannte, es aber mit *demnächst* übersetzte, wurde der Satz von allen anderen Schülern richtig erschlossen.

Der letzte Satz *Il comandante von Flugbold augura ancora un piacevole volo.* stellte für keinen der Schüler ein Problem bei der Erschließung dar. Der Internationalismus *comandante*, der Eigenname *von Flugbold*, das Profilwort *auguro* und das Strukturwort *ancora* wurde ebenso richtig übersetzt wie der im Text mehrmals vorkommende Schlüsselbegriff *volo.* Lediglich das Adjektiv *piacevole* wurde einmal mit dem engl. *peaceful* in Verbindung gebracht und als *friedlich* übersetzt. Diese Übersetzung entstellt allerdings weder den Sinn des Satzes noch des Gesamttextes.

Ergebnis des Fehlerscannings

Alle Teilnehmer waren in der Lage, den italienischen Text *A bordo* sinngemäß ins Deutsche zu übertragen. Dies deutet auf die richtige Anwendung der erlernten Erschließungstechniken mit der Methode EuroCom hin.

Der große Anteil internationaler und panromanischer Wörter, wie er auch in alltäglichen authentischen Texten vorkommt, wurde zu fast 100% richtig erkannt. Auch die panromanische Syntax, die morphosyntaktischen Elemente und die über die Lautentsprechungsregeln identifizierbaren Wörter wurden von fast allen richtig erschlossen. Die Schüler bewiesen mit ihren sehr guten Ergebnissen, dass sie in der Lage waren sowohl *proaktiv*, also die Zielsprache betreffend, als auch *retroaktiv*, die vorhandenen Sprachkenntnisse einbeziehend, vorzugehen. Sie konnten nicht nur Wortschatz- und Grammatik sowie Text- und Weltwissens, sondern auch Erwerbs- und Problemlösestrategien transferieren,um zum Erschließungserfolg zu gelangen.[58]

Dieses positive Ergebnis dokumentiert den Erfolg der im Projekt realisierten mehrsprachigkeitsdidaktischen Arbeitsweise, die zu einer fundierten Ausbildung interkomprehensiver Fähigkeiten der Schüler führte.[59]

---

[58] Lutjeharms (2006), S. 2.
[59] vgl. Meißner (2004), S. 47.

Vergleich der Fehlerscannings

Vergleicht man die von den Schülern erarbeiteten Erschließungen des katalanischen *Vortests (Kèfir)* und der italienischen *Abschlussklausur (A bordo)*, so ist
es möglich, die konkreten Auswirkungen des Unterrichtsprojekts zu messen.
Die Analyse der wenigen Fehlschlüsse in der *Abschlussklausur* ergibt im Vergleich mit jenen des *Vortests* ein eindeutiges Bild bezüglich der Entwicklung der
interkomprehensiven Fähigkeiten der Schüler.

In der *Abschlussklausur* war so gut wie keine Unsicherheit mehr im Bereich der
Profilwörter und in der panromanischen Syntax ersichtlich. Auch wurden kaum
Fehlschlüsse, die sich auf eine falsche Kontextualisierung zurückführen ließen,
gezogen. Die von Becker (1998:180) formulierte Befürchtung, „dass im Italienischunterricht mit falschen Übertragungen aus der französischen Sprache zu
rechnen ist", wurde nicht bestätigt. Im Gegenteil: Ähnlichkeiten zwischen dem
Italienischen und Französischen bzw. dem Italienischen und Spanischen wirkten
nicht im Sinne der *faux amis* –These verwirrend, sondern wurden von der großen Mehrheit der Schüler zur richtigen Erschließung genutzt.[60] Das Französische diente wie auch das Spanische- so zeigen die Ergebnisse der Fehelrscan-
nings- als wertvolle Quelle für panromanische Elemente aus der Lexik, Syntax,
und Morphosyntax.
Der Vergleich der beiden Fehlerscannings verdeutlicht, dass die Schüler interkomprehensive Transfertechniken während der *Projektwoche* gelernt hatten und
erfolgreich anweden konnten.

---

[60] „Der Nutzen [der faux amis] für den Lerner ist auf rezeptiver Basis fünfmal so groß wie der angebliche
´Schaden´, der ohnehin durch Kontextualisierung minimiert und größtenteils sogar verhindert wird." Klein
(2004), S. 23.

5 Evaluation

Um die *Projektwoche Italienisch interkomprehensiv* zu evaluieren, wurden mittels Fragebögen der Jahrgang, die Brückensprachenkenntnisse und das Geschlecht der Schüler ermittelt. Ferner wurden der *Vortests* und die *Abschlussklausur* im Rahmen der Kursevaluation ausgewertet.

5.1 Schülerdaten

Für die Messung des Lernerfolgs nach Beendigung des Unterrichtsprojekts werden die Ergebnisse des *Vortests* und der *Abschlussklausur* statistisch ausgewertet. Dabei wird in einem zweiten Schritt auch ein differenzierter Blick auf die erfassten Voraussetzungen der Schüler geworfen, um so Rückschlüsse auf mögliche, den Erfolg beeinflussende Faktoren zu ziehen.

5.2 Auswertung der Testergebnisse

Bewertungsmaßstab

Den Nachweis einer Lesekompetenz des Italienischen auf Niveau B1 (gemäß dem GeR) hatten all jene Schüler erbracht, die den Text der *Abschlussklausur* sinngemäß ins Deutsche übersetzen konnten.

Abzüge gab es für nicht übersetzte Wörter oder den Sinn verfälschende Übersetzungen. Das Phantasiewort *Dingsda* wurde immer dann zugelassen, wenn das Wort zwar nicht übersetzt werden konnte, jedoch als Substantiv identifiziert wurde. An Wörter, die als Verben identifiziert wurden, aber nicht erschlossen werden konnten, durfte die Endung *-ieren* angehängt werden (z.B.: it. *racommandiamo* ==> *rekommendieren*). Für Adjektive wurde die Substitution mit *so ein/e* zugelassen.

Diese Hilfestellungen dienen dazu, trotz nicht erschlossener Wörter, den kontextuellen Bezug innerhalb eines Satzes bzw. des Textes herzustellen und den Gesamtsinn zu erschließen.

Vergleich der Erschließungsergebnisse: *Vortest - Abschlussklausur*

Der Vergleich des Erschließungsgrades des *Vortests* mit der Abschlussklausur spiegelt den Lernfortschritt der Schüler wider.

Lag der Durchschnitt der Texterschließung beim *Vortest Kèfir* noch bei 75%, so stieg dieser bei der Übertragung des Textes *A bordo* auf 98 %.

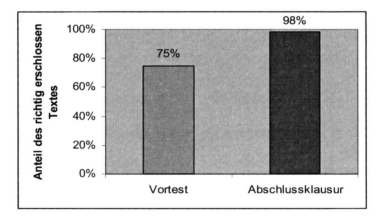

Erschließungsleistungen im Vortest und in Abschlussklausur

Leistungsvergleich der Jahrgangsstufen 10, 12 und 13

Zwischen den Jahrgangsstufen 10, 12 und 13 war im *Vortest* kein Leistungsunterschied festzustellen. Alle Schüler konnten solide Kenntnisse in ihrer Brückensprache (Französisch, Spanisch) vorweisen. Ein ein bzw. zwei Jahre längerer

FSU in Spanisch, Französisch und Englisch wirkte sich in den Erschließungsleistungen nicht signifikant besser oder schlechter aus.

Individuell erzielten Ergebnisse im *Vortest* und in der *Abschlussklausur*

Betrachtet man nun die individuell erzielten Erschließungsleistungen im *Vortest* im Vergleich zu denen in der Abschlussklausur, so wird der individuelle Leistungsanstieg aller Teilnehmer deutlich. Alle Schüler konnten den Gesamtsinn des Textes trotz vereinzelter, den Textsinn nicht verfälschende, Fehlschließungen richtig ins Deutsche übersetzten.

Rolle der Brückensprachenkenntisse

Der Vergleich der Ergebnisse der Schüler mit Französisch als Brückensprachen und derjenigen mit Spanisch als Brückensprache zeigt, dass es lediglich beim *Vortest* graduelle Unterschiede im richtig erschlossen Textanteil bezüglich der Brückensprachenkenntnisse gab. Die erzielten Erschließungsergebnisse bei der Abschlussklausur waren lagen durchschnittlich bei 98 % unabhängig der Brückensprachenkenntnisse. Sowohl das Französische, als auch das Spanische bewährten sich als Brückensprachen bei der Erschließung des Italienischen. Ein signifikanter Leistungsunterschied wurde nicht festgestellt.

Leistungsvergleich: Jungen - Mädchen

Bei der Bewertung des *Vortests* konnte nur im *Vortest* eine leichte Tendenz zu Gunsten der weiblichen Kursteilnehmer wahrgenommen werden. Dazu ist jedoch ergänzend anzumerken, dass eine zuverlässige Aussage über eine geschlechterspezifischen Leistungsunterschied aufgrund der geringen Anzahl von männlichen Teilnehmern im Kurs nicht zu treffen ist. Vielmehr fällt das geschlechtsunabhängige *sehr gute* Ergebnis aller Schülerinnen und Schüler in der *Abschlussklausur* auf.[61]

**Einordnung der Ergebnisse in den Gemeinsamen europäischen Referenz-
rahmens für Sprachen (GeR)**

„Hätten wir die Muttersprache in all ihrer Komplexität auf dem Gymnasium lernen müssen, würden die meisten von uns bis heute wahrscheinlich eher stam-
meln als sprechen." (Spitzer, 2003: 68,69). Diese Behauptung des Gehirnfor-
schers Spitzers ist bedauerlicherweise auf den herkömmlichen Fremdsprachen-

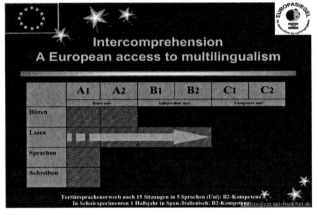

unterricht in der Schule übertrag-
bar.

Schüler lernen, so hat sich gezeigt, nach vier Jahren Spracheunterricht in der Schule nur sehr begrenzt produktive Fähigkeiten, oftmals erreichen sie in den Bereichen Hör- und Lesekompetenz nicht einmal Niveau B1 des GeR.

Die Auswertung der Testergebnisse der *Projektwoche Italienisch interkompre-
hensiv* belegt hingegen, dass die Schüler in dem einwöchigen EuroCom-Kurs eine B1-Lesekompetenz, einige gar eine B2-Kompetenz des Italienischen er-
warben. Dies ergab die Auswertung der *Abschlussklausur*. Dieses positive Er-

---

[61] Der geschlechtsunabhängige Lernfortschritt wird durch die Evaluation eines 140 Teilnehmer großen Euro-
Com-Seminars an der Johann Wolfgang Goethe-Universität (WS 05/06) bestätigt. Strathmann, J. (2006): *Der
Erwerb rezeptiver Kompetenzen im schulischen FSU und in der universitären Lehrerausbildung mit der Methode
EuroCom – Ein empirischer Beitrag zur europäischen Mehrsprachigkeit,* (Staatsexamensarbeit, unveröffentl.).

gebnis ist im Vergleich mit dem des traditionellen Sprachunterrichts in deutschen Schulen, in welchen nach 4 (!) Jahren Sprachunterricht höchstens eine B 1 Lesekompetenz erreicht wird, überragend und empfiehlt die Methode EuroCom als unterrichtskompatible Ergänzung.

Hör- und Sprechkompetenz

Aufbauend auf der Lesekompetenz wurde während des Kurses durch die *Multimediapräsentationen* auch die Hörkompetenz geschult. Dieser Teil der rezeptiven Sprachkompetenz wird in jeder EuroCom-Veranstaltung von Beginn an trainiert. Kein Text wird in der Lernphase der *sieben Siebe* analysiert, der nicht zuvor vorgelesen bzw. angehört wird (Klein, 2004:31). Auch im Online-Modul der Methode EuroCom (Kap. 3.1) wurde jeder dargestellte Text von einem Muttersprachler vertont.

Wie in zahlreichen EuroCom-Kursen zuvor, stellten sich auch diesmal die in Karaokeform präsentierten und gemeinsam gesungenen „Ohrwürmer" (*Azzurro, Bella Ciao*) als höchst lernförderlich heraus. In regelmäßigen Abständen wurden die Lieder abgespielt und prägten sich allmählich den Schülern ein.

Die auditive Interkomprehension der Schüler wurde durch die Festigung des italienischen Phoneminventars und die selbständige Identifizierung und Segmentierung der formkongruenten Kognaten des Italienischen in Gang gesetzt. Das Hörverstehen läuft daher in EuroComkursen und in EuroCom-Online immer parallel zum Leseverstehen. Beide zusammen sind für die Erstellung der *Spontan- oder Hypothesengrammatik* verantwortlich (Klein, 2004: 31, 32).

Wie einige Schüler nach Abschluss der *Projektwoche* berichteten, waren sie in der Lage, sich in wenigen Sätzen in Italienisch zu unterhalten. Dies war zwar nicht das ausgegebene Ziel des Schulprojekts, jedoch umso erfreulicher, spricht dieser schnelle Kompetenzerwerb für die Effektivität der Methode EuroCom. In Auslandsaufenthalten können auf Grundlage der erworbenen rezeptiven Kompetenzen schnell weitere produktive Fähigkeiten erworben werden.

Nachfolgende Grafik stellt die realistisch erreichbaren Niveaustufen in der Hör- und Sprechkompetenz aufbauend auf der durch die Methode EuroCom erworbenen Lesekompetenz dar.

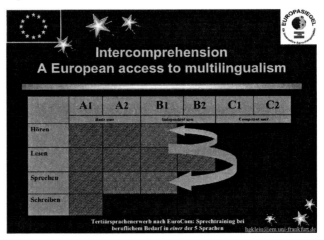

Die Lehre modularisierter rezeptiver Kompetenzen via EuroCom stellt also einen entscheidenden Vorzug gegenüber dem schulischen FSU dar, führt sie doch nicht nur zu den Modulen der Lesekompetenz und zum Hörverstehen, sondern bereitet sie über den durch Transfermaterialien gelenkten Aufbau eines zentralen mentalen Lexikons[62] darauf vor, Mehrsprachigkeit sprachproduktiv zu erreichen. Über transferbasierte Lesekompetenz in nahverwandten Sprachen soll so die Grundlage für eine effiziente europäische Mehrsprachigkeit geschaffen werden.

---

[62] Als „mentales Lexikon" wird das Sprachwissen im Gedächtnis bezeichnet, welches die Repräsentation der Wort- bzw. Morphemformen mit deren Eigenschaften, auf die bei der Sprachverarbeitung zugegriffen werden kann. Lutjeharms (2006), S. 4.

6   Reaktionen

Unter dem Titel *Neue Sprache in einer Woche* berichtet die FAZ am 18.07.2005[63] über die erfolgreich durchgeführte EuroCom-*Projektwoche*, von der Schüler, Lehrer sowie Schulleitung begeistert waren.

Für die Schüler waren vor allem das sich schnell einstellende Erfolgserlebnis, der abwechslungsreiche Projektverlauf sowie die Behandlung lebensnaher Texte motivierend. Das multimediale *Blended-Learning*-Verfahren hielt bei Lehrern und Schülern die Motivation stets aufrecht und führte zu beeindruckenden Ergebnissen. Nachfragen vieler Schüler, warum Interkomprehensionskurse nach der Methode EuroCom nicht generell in der Schule angeboten und regelmäßig durchgeführt würden, dokumentierten dies eindrucksvoll. Gleiches berichtet S. Klein (2004) vom Unterrichtsprojekt ein Jahr zuvor.

Auch der Projektleiter Horst G. Klein und die studentischen Tutoren zeigten sich mit dem EuroCom-Kompaktkurs und dessen Ergebnis vollauf zufrieden. Die Ziele, eine Lesefertigkeit auf B1-Niveau des GeR zu vermitteln, wurde erreicht und bei einigen Schülern sogar übertroffen. Der Kurs führte sogar erfreulicherweise zum Einstieg in den Erwerb produktiver Kompetenzen, was eigentlich nicht zu den ursprünglichen Zielsetzungen des Projekts gehörte hatte.
So hatten bereits am vierten Projekttag viele Schüler das Gefühl, das Italienische schon so gut zu beherrschen, dass sie erste Schritte hin zum Erwerb produktiver Fähigkeiten wagten.
Der festgestellte Lernerfolg bekräftigte zusammen mit dem seitens der Schüler geäußerten Wunsch die These Kleins (2006: 4), dass „(…) die auf ressourcenoptimierender Erschließung rezeptiver Kompetenzen beruhende EuroCom-

---

[63] Frankfurter Allgemeine Zeitung (FAZ), 18.07.2005, Nr 164, S. 52.

Methode den Weg für einen unmittelbaren Einstieg in die Sprachproduktion bereitet."

Die didaktisch-methodische Konzeption, die sich durch die Vielfalt der Methoden (abwechselnd rezeptive, auditive und produktive Phasen), die Nutzung linguistischer Transferbasen, die Behandlung authentischer Texte, den Einsatz Neuer Medien und die Erstellung und Bearbeitung einer *Hypothesengrammatik* auszeichnete, stellte sich abermals als effektive Vorgehensweise heraus, die die teilnehmenden Schüler nicht erst am Ende des Projekts lobten. Angeregt wurde von Schüler- und Lehrerseite zudem ein Interkomprehensionsunterricht, der sich auf ein ganzes Schulhalbjahr bzw. Schuljahr erstreckt.

Hocherfreut nahmen folglich alle 26 Schülerinnen und Schüler am Ende der *Projektwoche Italienisch interkomprehensiv* das von Prof. Dr. Klein unterzeichnete EuroComzertifikat, welches eine Lesekompetenz des Niveaus B1 (gemäß GeR) des Italienischen bescheinigt, entgegen und freuten sich auf die beginnenden Sommerferien- besonders diejenigen die ihren Urlaub in Italien verbringen wollten.

7   Konsequenzen für einen modernen Fremdsprachenunterricht

Die Ergebnisse der *Projektwoche Italienisch interkomprehensiv* übertrafen die Erwartungen aller Projektteilnehmer. Das *Blended-Learning*-Verfahren erwies sich als sehr effektiv und wurde von Schülern wie Lehrern sehr gut umgesetzt.

Neben der schnellen Ausbildung einer hohen rezeptiven Sprachkompetenz wurden in der *Projektwoche* von den Schülern in regelmäßiger Kleingruppenarbeit soziale und organisatorische Fertigkeiten geschult. Nicht erst bei diesem Euro-Com-Projekt stellte sich heraus, dass schwächere und zurückhaltende Schüler, meist mit einem Migrationshintergrund, ihr spezielles Wissen aus ihrer eigenen Muttersprache gewinnbringend einbringen konnten und so in den Sozialverband Klasse integriert wurden.[64] Ferner übten die Schüler durch die individuelle Arbeit mit den Neuen Medien (CD-Rom, Internet, PowerPoint) ihre medialen Fertigkeiten, die fächerübergreifend genutzt werden können.

Für den schulischen Fremdsprachenunterricht ergeben sich aus der erfolgreichen Durchführung des Projekts und dessen Auswertung mehrere notwendige Konsequenzen, die zu ziehen sind, will man Schülern ernsthaft einen Zugang zu Mehrsprachigkeit mittels rezeptiver Sprachkompetenz ermöglichen.[65]

Die Testauswertung ergab, dass es Sinn macht, den Interkomprehensionsunterricht mit dem Ziel einer B1 und B2-Lesekompetenz (gemäß GeR) in einer nahverwandten Sprache zu dem Zeitpunkt zu beginnen, wenn Schüler über eine Lesekompetenz auf B2-Niveau in einer Brückensprache verfügen, d.h. in der Regel nach einem vierjährigen traditionellen Fremdsprachenunterricht in der Schule.

---

[64] Die Durchführung einer Projektwoche nach dem hier dargestellten Vorbild beinhaltet neben den hohen Erfolgsaussichten weitere pädagogisch Chancen, die es in den allgemeinbildenden Schulen zu nutzen gilt. Abendroth-Timmer (2003), S. 261, 262.
[65] Zu den Vorteilen der Vermittlung von modularen Teilkompetenzen: Stoye (2000), S. 192.

Des Weiteren stellte sich neben dem Französischen das Spanische als nützliche Brückensprache heraus. Mit der Verbreitung des Spanischen als Schulsprache, momentan auf Platz 3 hinter dem Englischen und Französischen (s. Kap. 1), ist dies eine im Interkomprehensionsunterricht umsetzbare Erkenntnis.[66]

Der Schwerpunkt muss außerdem angesichts der wenigen Schulstunden in den Tertiärsprachen nicht auf eine utopischen *near-native-competence,* sondern vor allem auf die Ausbildung von modularisierten Teilkompetenzen, also der Lese- und Hörkompetenz gelegt werden.[67]

Nahverwandtschaften zwischen Sprachen sollten, wie in den Curricula und der EU gefordert, im Unterricht berücksichtigt werden, um so entgegen des oft kritisierten „monolingualen Habitus" (Bär, 2004a:66; Gogolin:1994) des traditionellen FSU, mehrere Sprachen in kurzer Zeit rezeptiv erlernbar zu machen. Fremdsprachen sollten, so die Ergebnisse der *Projektwoche,* nicht isoliert voneinander gelehrt werden, sondern stets das große Interkomprehensionspotenzial, welches übrigens auch das Englische im Hinblick auf die romanischen Sprachen besitzt, endlich berücksichtigt werden (vgl. Klein/Reissner, 2006). Dazu gehört selbstredend, dass die Mehrsprachigkeit vieler Schüler in den Unterricht mit aufgenommen wird und der Lehrer seinen „Mut zur Lücke" unter Beweis stellt. Das Ideal des *Eurolehrers* (Bär, 2004b:83) ist in einem modernen FSU nicht mehr länger Instruktor sondern Spracherwerbspartner, der vor dem heterogenen Vorwissen der Schüler nicht wie bisher zurückschreckt, sondern es zu Gunsten des individuellen Spracherwerbsprozesses einbezieht. Der Fremdsprachenunterricht

---

[66] Zur Effektivität des Lateins als Brückensprache konnten bisher keine empirischen Erhebungen einen Vorteil gegenüber den modernen romanischen Sprachen herausstellen. Im Gegenteil: Mahlmeister (2004, S. 161), stellt fest, „dass Lateinkenntnisse die „rezeptive ´Kompetenz´ wohl nicht nachhaltig verbessern."

[67] Dazu kommt, dass der Stellenwert der Fremdsprachen aufgrund der in allen Bundesländern verkürzten Schulzeit der Sekundarstufe auf 8 Jahre und der einseitigen Schwerpunktsetzung zu Gunsten anderer Fächer leidet. Die Appelle von EU und Europarat (Weißbuch, 1995), den Fremdsprachenunterricht mit dem Ziel der Ausbildung einer „Dreisprachigkeit" weiter auszubauen werden nur zögerlich vernommen. Immer noch wird dem omnipräsenten Englischen eine bevorzugte Stellung eingeräumt, die Pflege der „Drittsprachen" Italienisch, Spanisch, Russisch wird entgegen aller Empfehlungen vernachlässigt. Zur Problematik der Dominanz des Englischen als Schulfremdsprache siehe Knapp (2003), S. 530, 531.

sollte auch die didaktischen Erkenntnisse über das Vorwissen mehr berücksichtigen und zur Kenntnis nehmen, dass die „Organisation des vorhandenen Sprachwissens wesentlich den weiteren Spracherwerb bestimmt" (Lutjeharms, 2006:1).

Das im traditionellen Fremdsprachenunterricht von den Schülern oft als mühsam empfundene Wiederholen der Grammatikregeln sollte, wie in der Projektwoche durch ein selbständiges, konstruktivistisches Sprachen-Vergleichen und dem „Spiel des Wiedererkennens" (Klein, 1999:29) ersetzt werden,[68] denn eine weitere Sprache ist methodisch anders zu lernen als eine zuvor erlernte Sprache (Bär, 2004b:85).

Wie Meißner (1998:235, 236) nach einem interlingualen Transferkurs in der gymnasialen Sekundarstufe I resümiert, hängt der langfristige Erfolg eben insbesondere davon ab, inwieweit interkomprehensive Elemente in den zukünftigen Sprachunterricht eingebaut werden. Die Gefahr besteht auch noch heute in den verwendeten Lehr- und Lernmaterialien, die „nur in unzureichender Weise auf den intralingualen Transfer vorbereiten."

Die Arbeit mit authentischen Texten (z.B. aus dem Internet) sollte intensiviert werden. Das Lehrmaterial EuroComs geht mit dem Angebot an lebensnahen Texten mit gutem Beispiel voran. Die Auswahl authentischer Texte, deren Bearbeitungsreihenfolge nicht stringent festgelegt wird, garantiert zum einen die Lernerautonomie und durch alterspezifische, lebensnahe Themen eine hohe, im Fremdsprachenunterricht äußerst wichtige Motivation.[69] Das Lernverhalten der Schüler während der Projektwoche bestätigte die These Bärs (2004a:71), dass „motiviertes Lernen erst dann stattfindet, wenn Lernende <u>ihr</u> Wissen und Können einsetzen und wenn sie <u>selbst</u> nach Mitteln und Wegen suchen, um ein Ziel zu erreichen."

---

[68] vgl. Böing (2004), S. 75.
[69] vgl. Klein (2006b), S. 63.

Die Ausbildung einer *multi-language-awareness* (vgl. Bär, 2005; Klein, 2004), die alle vorhandenen Sprachkenntnisse der Schüler einbezieht, um Kompetenzen weiterer Sprachen aufzubauen, als auch die Vermittlung einer *multi-language learning-awareness* (Bär, 2006:97), also einem starken Sprachen- und Sprachlernbewusstsein müssen fester Bestandteil des Fremdsprachenunterrichts sein, will man die innovativen Forderungen der EU und die Zielsetzungen in den Curricula erreichen.[70]

Auch das Wissen aus der Gehirnforschung ist idealerweise methodisch umzusetzen und der Tatsache Rechnung zu tragen, dass der Erfolg des Lernens auf der Verstärkung der synaptischen Verbindungen zwischen den Nervenzellen im Gehirn basiert. Das bedeutet, dass das Lernen mittels systematisierter panromanischer Strukturen, die beispielhaft erklärt werden, im Vordergrund stehen muss.[71]

Ferner ist die Lehrerbildung höchst reformbedürftig. Eine interkomprehensive Ausbildung angehender Fremdsprachenlehrer sollte obligatorischer Teil der modularen Lehrerbildung an den Universitäten sein. Entsprechende Modulangebote sind von der Forschergruppe EuroCom entwickelt worden und unter www.eurocomakademie.de aufrufbar (s. Kap. 8).

Die Methode EuroCom ist, so lässt sich rekapitulierend feststellen, eine unterrichtskompatible Möglichkeit, Schülern die kulturelle Vielfalt Europas näher zu bringen und ihnen die Lust auf das Sprachenlernen zu vermitteln. Das Italienische dient optimal als Zielsprache interkomprehensiver Projektwochen und macht aus Schülern wahre *Eurosprachexperten*.

---

[70] vgl. Cnutzmann, C. (2003), S. 336.
[71] Das Gehirn ist nämlich auf das Lernen von Allgemeinem aus und dieses ist am besten über die Verarbeitung von Beispielen zu erreichen. Spitzer (2003), S. 76.

8 Lehrerbildung: Blended-Learning
Multiplikatorenausbildung im Internet

Für die Lehrerfortbildung im Rahmen der romanischen Interkomprehension gibt es im Internet einen interaktiven Kurs mit Übungen (www.eurocomrom.de), der zusammen mit dem Basiswerk im Rahmen des *Blended-Learning*-Verfahrens kostenfrei angeboten wird. Dieser Kurs führt systematisch in die Inferenztechniken und die Transferinventare der EuroComprehension ein und enthält zu jedem Sieb eine Reihe von interaktiven Übungen.[72]

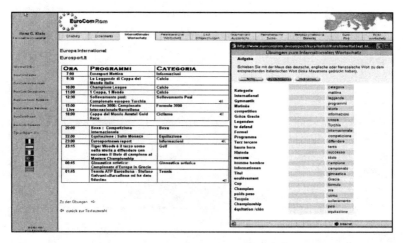

---

[72] Die Forschergruppe EuroCom baut zur Zeit europaweit ein multilinguales Netzwerk (www.eurocomcenter.eu) auf, das in der Lage sein wird, Multiplikatorenausbildung im optimierten Erschließen der drei großen Sprachenfamilien Europas, der romanischen (www.eurocomrom.de), germanischen (www.eurocomgerm.de, ab Frühjahr 2007 implementiert) und slawischen (www.eurocomslav.de, 2006 partiell bereits implementiert, 2007 beendet) im Internet anzubieten. Eine Übersicht über alle Aktivitäten der Forschergruppe EuroCom bietet die Website: www.eurocomprehension.eu .

In dem Internetkurs werden neben Flash-Animationen und zahlreichen interaktiven Übungen auch Links zu den systematisierenden Sprachporträts der romanischen Sprachen angeboten sowie die Möglichkeit, die Texte per Mausklick anzuhören. Der Internetkurs wird regelmäßig zusammen mit den Lehrwerken und PPT-Präsentationen in den Präsenzkursen im Rahmen des Blended Learning Verfahrens in der Lehrer(fort)bildung eingesetzt.

Für 2008 ist eine Ausweitung des Lehrerfortbildungsprogramms als Multiplikatorenprogramm für englische, französische, spanische, italienische und rumänische User geplant.

Die nachfolgende Grafik verdeutlicht das *Blended-Learning* Konzept als Zusammenspiel von Präsenz- und Fernunterricht wie es auch in der Projektpwche Italienisch praktiziert wurde:

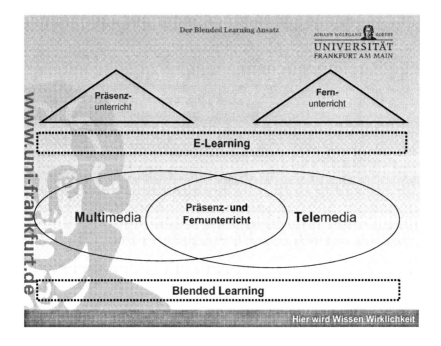

9 Kommentierte Lehr- und Lernmaterialien

Zur Vermittlung der Methode EuroCom sind zahlreiche Materialien entwickelt worden. Sie beruhen auf drei Säulen: 1. auf Buchpublikationen, erschienen in der Reihe Editiones EuroCom, die alle über das Internet erhältlich und lesbar sind (www.eurocomresearch.net/editiones.htm), 2. auf interaktiven Internetkursen, die über die Adresse www.eurocomprehension.info nutzbar sind und 3. auf multimedialen Präsentationsmaterialien, die im Blended Learning-Verfahren einsetzbar sind. Letztere werden von den Trainern zur Verfügung gestellt und sind in der Reihe EuroComDigital (www.eurocomresearch.net/editionesdigital.htm) im Internet erhältlich.

Für das *Blended-Learning*-Verfahren gibt es ein Begleitbuch, das aus den 36 Internetlektionen 12 auswählt, die über das Funktionieren des Italienischen informieren und den erreichten Lernerfolg nachvollziehbar macht. Die Materialien für das Schulprojekt stammen aus diesem Band. Bei Bedarf kann das Modul dann in einen Kurs zum Erwerb der Sprechkompetenz erweitert werden. Dies kann von den Lehrenden konventionell durchgeführt werden. Erweiterungsmodule sind in Vorbereitung.

10   Annex: Miniporträt Italienisch

10.1 Aussprache und Schrift des Italienischen

Das Italienische kennt - im Gegensatz zum Französischen - nur eine geringe
Distanz zwischen Schrift und Aussprache. Im Grunde gibt es nur <u>eine</u> Eigenheit,
die man sich zur Schreibung des Italienischen merken muss:

> Der [k]- und der [g]-Laut werden vor dunklen (*a, o, u*) oder
> hellen (*e, i*) Vokalen verschieden geschrieben.

Der [k]-Laut wird vor *a, o, u* mit *c*, vor *e, i* mit *ch* geschrieben: *camera, colera,
cultura* und *amiche, chiaro*.

Der [g]-Laut wird vor *a, o, u* einfach *g* geschrieben, vor *e, i* mit *gh*: *galante,
gondola, gusto* und *ghetto, ghirlanda*.

Das *h* ist reines graphisches Zeichen zum Erhalt der [k]- und [g]-Aussprache
und wird nicht selbst ausgesprochen.

  Also: ca, co, cu, che, chi - ga, go, gu, ghe, ghi.

Analoges passiert mit den Lauten [tʃ] bzw. [dʒ], die ja im Italienischen vor hellen Vokalen *c* bzw. *g* geschrieben werden: *cembalo, circo* und *gelato, gigolo*.
Um nun auch vor dunklen Vokalen die Aussprache [ts] bzw. [dʒ] zu markieren,
setzt man als graphisches Zeichen ein *i* vor den dunklen Vokal: *cioccolata* und
giardino.

Also: ce, ci, cia, cio, ciu - ge, gi, gia, gio, giu [[tʃe, tʃi, tʃa, tʃo, tʃu] - [dʒe, dʒi,
dʒa, dʒo, dʒu]

Anders zusammengefasst: ein *c* vor *a, o, u* und auch vor *h* wird [k] ausgesprochen; vor einem *i* oder *e* [ts].

Ein *g* vor *a, o, u* und auch vor *h* wird [g] gesprochen; vor einem *i* oder *e* [d].

Ferner werden in komplementärer Weise der Laut [s] und die Konsonantenkom-
bination [sk] vor dunklen oder hellen Vokalen verschieden geschrieben:

[s] wird vor *i* und *e* mit *sc* geschrieben: *sci, scena;*

vor *a, o, u* mit eingeschobenem *i*: *scialuppa, sciopero, sciupato;*.

[sk] wird vor *i* und *e* mit eingeschobenem *h* geschrieben: *schizzo, scherzo* - also bitte nicht mit dem deutschen *sch* [ʃ] verwechseln - ;

vor *a, o, u* schreibt man einfach *sc: scala, sconto, scuola.*

Wieder zusammengefaßt: ein *sc* wird vor *i* und *e* [s] gesprochen; vor *h* und *a, o, u* [sk].

Die Regeln für die Aussprache von *c, g* und *sc* muss man entsprechend anwenden, wenn man sich überlegt, wie ein in der Aussprache bekanntes Wort geschrieben wird:

Hört man ein [k] vor *a, o ,u*, schreibt man ein *c;* vor *i, e* ein *ch.*

Hört man ein [tʃ] vor *a, o, u*, schreibt man ein *ci;* vor *i, e* nur ein *c.*

Hört man ein [ʃ] vor *a, o, u*, schreibt man ein *sci;* vor *i, e* nur ein *sc.*

Hört man ein [sk] vor *a, o, u*, schreibt man ein *sc;* vor *i, e* ein *sch.*

Hört man ein [g] vor *a, o, u*, schreibt man *g;* vor *i, e* ein *gh.*

Hört man ein [dʒ] vor *a, o, u*, schreibt man *gi;* vor *i, e* nur ein *g.*

Wenn man sich diese eine, in sich logische Schreibkonvention einmal eingeprägt hat, gibt es keine Geheimnisse mehr beim Lesen und Schreiben des Italienischen. Es muss aber noch auf die Schreibungen von *gn* und *gl* für [nj] und [lj] hingewiesen werden (im ersten Fall wie im Französischen): *cognac* (Kognak), *battaglione* (Bataillon). Hier markiert also ein vorangestelltes *g* die j-Aussprache des *n* oder des *l.*

10.2 Charakteristische Wortstruktur des Italienischen

Italienische Wörter enden (bis auf die männlichen Artikel im Singular und einige wenige Präpositionen und sonstige Wörter) auf die Vokale *-a, -o,* oder *-e, -i.* Italienisch wirkt dadurch besonders vokal- und klangreich.

Die Silbenstruktur des Lateinischen wird im Italienischen weitgehend erhalten, ja in manchen Fällen hat das Italienische sogar eine Endsilbe mehr: *dicunt* wird zu *dicono.* Bei Betonung auf der drittletzten Silbe verschwinden keine Mitteltonvokale und deren Silben.

dreisilbig	zweisilbig	einsilbig
it. *dodici*	vgl. sp. *doce*	vgl. fr. *douze*
it. *uomini*	vgl. sp. *hombres*	vgl. fr. *hommes*

Auch die Vor- und Nachtonvokale behalten ihren vollen Lautwert: *colore* [ko'lo:re]; es gibt keinen Mittelzungenvokal unbestimmter Klangfarbe wie das fr. [ə]. Das Italienische ist im Vergleich zu den übrigen romanischen Sprachen diejenige mit dem am besten erhaltenen romanischen Wortkörper, insbesondere in Bezug auf die Silbenzahl und die Vokale, und mit dem geringsten Vorkommen von Häufungen *verschiedener* Konsonanten. Ein so «kompliziertes» Wort wie das deutsche *Landsknecht* mit einer Folge von fünf Konsonanten (*ndskn*) wurde als Lehnwort im Italienischen unter der Form *lanzichenecco* [lantsikɛ'nɛkko] mit Vokalen aufgefüllt, und so entstehen aus 2 Silben 5 Silben! Wenn man einen Sprecher des Italienischen ein einzelnes Wort, das auf einen Konsonanten endet, aussprechen hört, z.B. *in,* dann merkt man, dass er unwillkürlich ein *-e* als Vokal anfügt und «inne» sagt. Das tun italienische Muttersprachler auch bei deutschen Worten («Eisse» statt Eis). Das Italienische hat zu den aus dem Lateinischen ererbten Vokalen noch zusätzliche geschaffen durch Diphthongierung von offenem und betontem [*e*] und [*o*] zu [*ie*] und [*uo*] in freier Silbe und durch Vokalisierung des [*l*] zu [*i*] in den romanischen Konsonantengruppen *cl, gl, pl, bl, fl* .

Es gibt im Italienischen auch häufiger Triphthonge; in einem Wort wie *aiuole* (Blumenbeete) sind sogar alle fünf Vokale präsent.

Besonders charakteristisch für das Italienische sind die Geminaten, d.h. die separat ausgesprochenen Doppelkonsonanten. Sie entsprechen meist zwischenvokalischen Einzelkonsonanten in den anderen romanischen Sprachen oder im internationalen Wortschatz: häufig sind *mm, rr, bb, pp, tt, ss*. Ein weiterer Geminatenreichtum entsteht durch die Tendenz des Italienischen zum Auflösen von Konsonantengruppen durch Assimilation: *-ct-* und *-pt-* werden zu   *-tt-, -ti-* zu *-zz-, -ks- zu -ss-:* Oktave - *otto*, Septett - *sette*, pretiös - *prezzo*, fix - *fisso*. Insgesamt kommen im Italienischen fast alle Konsonanten als Geminaten vor.

Charakteristisch für das Italienische sind ferner die palatalen Konsonanten [ʃ], [ʧ], [ʤ], die *geschrieben* zum Teil wie Konsonanten- (oder Vokal-)gruppen aussehen: *sci, sce, cia, cio, ciu, gia, gio, giu* und die wir schon oben bei der Schreibung kennenlernten. Auch das italienisch *z* fällt durch seine Aussprache auf [dz] und [ts].

Bei der Wortbildung haben die Vorsilben *dis-* und *ex-* zu *sc-, st-, sp-* am Wortanfang geführt: *sconto, scappare* (Eskapade), *straordinario* fr. extraordinaire.

Charakteristisch für das Italienische ist in der Wortbildung auch der enorme Reichtum an Suffixen.

Zusammenfassend kann man sagen: Der Vokalreichtum zusammen mit einem freien Wortakzent (man vergleiche die stereotype Endbetonung des Französischen!) und der Rhythmisierung durch die separat ausgesprochenen Doppelkonsonanten verleihen dem Italienischen das Maß an Melodiosität, das italienische Opernarien weltberühmt gemacht hat. So hat das Italienische den Ruf erlangt, die Sprache der Musik zu sein

10.3 Die Strukturwörter des Italienischen

Diese Wörter sind die fundamentalen Elemente der italienischen Sprachstruktur. Sie machen
in einem durchschnittlichen Text bereits 50-60 % des Vokabulars aus.

Die dunkel unterlegten Wörter sind "Profilwörter" des Italienischen.	
a	in, (dat) (+art) nach, zu, an, auf, für [PR]
(al, all', allo, alla, ai, agli, alle)	verschmilzt mit best. Art.
altro/-a	andere/r [PR, IW Altruist]
alcuno	irgendeiner (vgl. fr. *aucun* (=keiner), sp. *alguno*)
ancora	noch (vgl. fr. *encore*)
andare	gehen, fahren [IW musik. Andante]
avere	haben [PR]
basso	niedrig [IW Bass, Baisse]
bello	schön (vgl. fr. *beau, belle*)
bene	gut (adv) [PR]
bisogna + Inf	man muss + Inf.
brutto	häßlich
buono/-a/-i/-e	gut [PR, IW Bonus]
che	dass (cj) [PR] (fr., sp., kat., pg. *que*, rum *că*)
che	was (prn int); der, den, die, das (prn rel)
chi	wer, wen (prn int) [PR, fr. *qui*]
c'è, ci sono	es gibt, es sind
ci	uns (prn pers) / dort (adv)
ciò, cioè	das (prn univ), das heißt
come	wie (adv)[PR]
con	mit (+art) [PR]
(col, coll', collo, colla, coi, cogli, colle)	verschmilzt mit best. Art.
cosa	Sache [PR, IW kausal]
cosa?	was? [*cosa vuoi?* was willst Du?]
così	so, auf diese Weise [Mozart: così fan tutte]
credere	glauben [IW Kredit]
da	von, aus (+art)
(dal, dall', dallo, dalla, dai, dagli, dalle)	verschmilzt mit best. Art.
dare	geben [PR, IW Dativ]
davanti	davor
dentro	in
di	von (gen) (+art), aus, bei, vor [PR]
(del, dell', dello, della, dei, degli, delle)	verschmilzt mit best. Art.
dietro	hinter [fr. *derrière*, sp. *detrás*]
dire	sagen [PR, vgl. fr. *dire*]
donna	Frau, Dame [sp. *doña*]
dopo	nach (vgl. fr. *depuis*)

dove (dov'è?)	wo (wo ist?)
dovere	müssen [fr. *devoir*]
due	zwei [PR]
e (e... e...)	und (sowohl... als auch...)
ecco, eccolo!	sieh da! da ist es ja!
egli - essi (m)	er, sie (prn pers sg pl); heute umgangssprachlich meist "lui", "loro".
essa - esse (f)	sie, sie (prn pers sg pl); heute umgangssprachlich meist "lei", "loro".
essere	sein [PR]
famoso	berühmt [sp. *famoso*, fr. *fameux*]
fare	machen [PR, IW Faktum]]
finire	(be)enden [IW Finale]
fino	bis
fuori	draußen (kat. *fora*, sp. *fuera*, fr. *[de]hors*)
gente	Leute [fr. *gens*, sp. *gente*]
già	schon [PR], (vgl sp. *ya;* fr. *déjà*; rum. *deja*.)
giorno	Tag (vgl. fr. *jour[née]*)
gli	die (best. Art. m pl); ihm (prn pers)
grande/i	groß [PR, IW grandios]
il, lo, l', la - i, gli, le	der, die, das (best. Art.) [PR]
in	in (+art), im, auf
(nel, nell', nello, nella, nei, negli, nelle)	verschmilzt mit best. Art.
Io	ich (vgl. sp. *yo*; pg., rum. *eu*; fr. *je*) [PR]
là	da, dort (vgl. fr. *là*)
laggiù	da unten
largo	breit (fr. *large*) [IW Largo]
lasciare	lassen (vgl. fr. *laisser*) [IW lax, relax]
lassù	da oben
Le	ihr, sie (prn pers)
lei, Lei - lui	sie, Sie - er, ihn (prn pers)
loro	ihr, ihre; sie, ihnen (adj/prn pers pl)
loro	Sie (pl)
ma	aber (vgl. fr. *mais*)
mai	nie (vgl. fr. *[ja]mais*)
male	schlecht (vgl. fr. *mal*) [PR; IW Malus, Malheur]
me	mich [PR]
meno	weniger (vgl. fr. *moins*, pg.sp. *menos*) [IW Minus]
mettere	legen, stellen (fr. *mettre*)
mi	mir, mich [PR]
mio/-a/miei/mie	mein/e/s (adj poss) [PR, IW Mamma mia!]
molto	viel (vgl. kat. *molt*, rum. *mult*, sp. *mucho*) [PR. IW multi-]
ne	davon (vgl. fr. *en*)
né... né...	weder... noch... (vgl. fr. *ni ... ni*)
nessuno	niemand
noi (prn pers)	wir [PR]
non... niente (nulla)	nichts
nostro/-a/-i/-e (adj poss)	unser/e [PR, IW nostrifizieren]
o (o... o...)	oder (entweder... oder...) [PR; aber rum: *sau*]
ora	jetzt (vgl. sp. *[a]hora*, kat. *ara*); Stunde [PR]
parere	scheinen [PR, IW Transparenz]

parlare	sprechen (fr. *parler*) [IW Parlament]
parte	Teil (vgl. fr. *part*) [PR, IW Part/ei]
passare	vorübergehen (vgl. fr. *passer*)
per	für, durch [PR]
perché	weil, warum? (fr. *pourquoi*, sp. *porqué*)
piacere	gefallen [IW Plazet]
piccolo/-a	klein [IW Piccoloflöte]
più (che, di)	mehr (als) (vgl. fr. *plus*)
poco	wenig, gering (vgl. fr. *peu*, sp. pg. *poco*) [PR]
posare	setzen, stellen, legen (fr. *poser*, sp. *poner*) [PR]
potere	können, dürfen [PR, IW Potenz]
prendere	nehmen (vgl. fr. *prendre*) [PR, IW Prise]
primo	erster (fr. *premier*, kat. *primer*) [PR, IW prima!]
quando?; quando	wann?; als, (immer) wenn [PR]
quanto/-a/-i/-e?	wieviel/e? [PR, IW Quantum]
questo/-a/-i/-e	dies/e/r/s, der (da) etc. [PR]
quasi	fast, beinahe [IW quasi]
qui	hier [sp. *aquí*] [PR]
sapere	wissen, können (vgl. sp., pg. *saber*; fr. *savoir*) [PR]
se	wenn, falls, ob [PR, aber rum. *dacã*]
sempre	immer (sp. *siempre*)
senza (di)	ohne (vgl. fr. *sans*) [IW Absenz]
si, sè	man, sich [PR]
signore/-a	Herr, Frau [IW Senat, Senioren]
stare	sein, bleiben (vgl. sp. *estar*, rum. *a sta*)
su	auf (+art), über, an
(sul, sull', sullo, sulla, sui, sugli, sulle)	verschmilzt mit best. Art.
su	oben, hinauf, herauf (adv)
suo/-a/suoi/sue	sein/e, ihr/e (adj poss) [PR]
tale	solch (vgl. sp., kat. *tal*, fr. *tel*, rum. *tare*) [PR]
tanto	so viel (vgl. fr., kat. *tant*, sp. *tanto*, rum. *atât*) [PR]
te	dich [PR]
tenere	haben (sp. *tener*, pg. *ter*, fr. *tenir*) [PR]
ti	dir, dich [PR]
trovare	finden (vgl. fr. *trouver*)
tu	du [PR]
tuo	dein [PR]
tutto/-a/-i/-e	alle/s [PR, IW total]
un, uno, una	ein/e/r/s [PR]
uomo/uomini	Mensch/en, Mann/Männer [PR]
vedere	sehen [PR, IW Video]
venire	kommen [PR, IW Konvent]
voi, Voi	ihr, Ihr, Sie [PR]
volere	wollen [PR, IW Volontär]
vostro/-a/-i/-e (adj poss)	euer/eure, Ihr/e/s [PR]

11 Italienisch-romanische Lautentsprechungen[73]

LE1	**-ie,-e-** *piede, fedele* *pietra, nero*	≅	**e, ie, i, ia, ea, oi**	fr. *pied, fidèle, pierre,noir* sp. *pie, fiel, piedra, negro* kat. *peu, fidel, pedra, negre* pg. *pé, fiel, pedra;* rum.*(picior) fidel,piatră, neagră*

LE2	**uo** **o** *ruota, colto,* *buono, cuore*	≅	**o, u, ou, ue, œu,** **oa**	fr. *roue, culte, bon, cœur* kat. *roda, culte, bo, cor* pg. *roda, culto, bom, coração* rum. *roată,, cult, bun, --* sp. *rueda, culto, bueno, corazón*

LE3	**gn** *signore, vigna,* *campagna*	≅	**gn** **ny** **nh** **ne [n^j], ni [n^j], ./.** **ñ**	fr. *seigneur, vigne, campagne* kat. *senyor, vinya, campanya* pg. *senhor, vinha, campanha* rum. *senior, vi*e, campanie* sp. *señor, viña, campaña*

LE4	**gl** *foglia, batta-* *glia*	≅	**il(l)** **ll** **lh** **i /li** **j [χ], ll**	fr. *feuille, bataille* kat. *fulla, batalla* pg. *folha, batalha* IW Folie rum. *foaie, bătaie (bătălie)* sp. *hoja, batalla*

LE5	**tt** *otto, notte,* *latte, lotta,* *adattare*	≅	**it, utt** **it, et** **it, ut** **pt** **ch [tʃ]**	**pt**	fr. *huit, nuit, lait, lutte; adapter* kat. *vuit, nit, llet, lluita; adaptar* pg. *oito, noite, leite, luta; adaptar* rum. *opt, noapte, lapte, luptă, a adapta* sp. *ocho, noche, leche, lucha; adaptar*

LE6	**o** *oro*	≅	**o, ou, au**	fr. *or* kat. *or* pg. *ouro* sp. *oro* rum. *aur*

LE7	**o + m,v** *domani,* *dovere*	≅	**e**	fr. *demain, devoir* kat. *demà, deure* pg. *-- (manhã), dever* rum. *-- (mâine), [debitor]* sp. *-- (mañana), deber*

---

[73] Gekürzt nach: Klein/Stegmann, *EuroComRom - Die sieben Siebe: Romanische Sprachen sofort lesen können*, Aachen (Editiones EuroCom Band 1) 2000, ISBN 3-8265-6947-4, S.92 ff.

LE8	-p- *ripa (riva),sa-* *pone, sapere*	≅	v b b p b [β]	fr. *rive, savon, savoir* kat. *Riba, sabó, saber* pg. *Riba, sabão,saber* rum. *Râpă, săpun, [--]* sp. *Riba, jabón, saber*
LE9	-t- *ruota, canta-* *ta, prato*	≅	./. d (-t) d t d [ð]	fr. *roue, chantée, pré* kat. *roda, cantada, prat* pg. *roda, cantada, prado* rum. *roată, cântată, prat* sp. *rueda, cantada, prado*
LE10	-c-[k] *fuoco, sicuro*	≅	./. g, -c g c (g) g [ɣ]	fr. *feu, sûr* kat. *foc, segur* pg. *fogo, seguro* rum. *foc, (sigur)* sp. *fuego, seguro*
LE11	chi [kʲ] *chiave, chia-* *mare*	≅	cl cl ch [ʃ] che [kʲ] ll [ʎ]	fr. *clef (clé), [ac]clamer* kat. *clau, clamar* pg. *chave, chamar* rum. *cheie, a chema* sp. *llave, llamar*
LE11 a	gh [gʲ] *ghiaccio*	≅	gl gl gl ghe [gʲ] gl	fr. *glace* kat. *glaç* pg. *(glacial)* rum. *gheaţă* sp. *(glacial)*
LE12	pi [pʲ] *pieno, piano*	≅	pl pl ch [ʃ] pl ll [ʎ]	fr. *plein, plan* kat. *ple, pla* pg. *cheio, chão* rum. *plin, plan* sp. *lleno, llano*
LE12 a	bi [bʲ] *bionda*	≅	bl	fr. *blonde* kat. *[blonda]* pg. *bl-* rum. *blondă* sp. *bl-*
LE13	fi- [fʲ] *fiamma*	≅	fl fl ch fl ll [ʎ]	fr. *flamme* kat. *flama* pg. *chama* rum. *fl-* sp. *llama*

LE14	**chi, che** [k] *che, chinino*	≅	qu qu qu ch qu	fr. *que, quinine* kat. *que, quinina* pg. *que, quinina* rum. *(că), chinină* sp. *que, quinina*
LE15	**-ione** *nazione/i,* *ragione/i*	≅	-ion, -on -ió, -ó -ão -iune -ión, -ón	fr. *nation/-s, raison/-s* kat. *nació/nacions, raó/raons* pg. *nação/ -ões, razão/ -ões* rum. *naţiune/i, raţiune/i* sp. *nación/-iones, razón/-ones*
LE16	**-tà** *università* *facoltà*	≅	-té -tat -dade -tate -dad, -tad	fr. *université, faculté* kat. *universitat, facultat* pg. *universidade, faculdade* rum. *universitate, facultate* sp. *universidad, facultad*
LE17	**s-+Kons** *stato, scuola,* *spirito*	≅	é, es+Kons es+Kons es+Kons s, [ş]]+Kons es+Kons	fr. *état, école, esprit* kat. *estat, escola, esperit* pg. *estado, escola, espirito* rum. *stat, şcoală, spirit* sp. *estado, escuela, espíritu*
LE17 a	**s-+Kons** *sconto,* *scappare* *straordinario*	≅	es-, é, ex (des-) des-, es-, ex- des-, es-, ex- s-, ex- des-, es-, ex-	fr. *dé-, es-compte, échapper, extraor- dinaire* kat. *descompte, escapar, extraordinari* pg. *desconto, escapar, extraordinario* rum. *scont, scăpa, extraordinar* sp. *descuento, escapar,extraordinario*
LE18	**-s-, -ss-** *esame, fisso*	≅	x x x x x, j	fr. *examen, fixe* kat. *examen, fix* pg. *exame, fixo* rum. *examen, fix* sp. *examen, fijo*
LE19	**gi-, -ggi-** **[dʒ]** *giovane, mag- gio*	≅	j-, i j-, -ig j-, -i- j, -i j, y	fr. *jeune, mai* kat. *jove, maig* pg. *jovem, maio* rum. *june, mai* sp. *joven, mayo*
LE20	**-zz-** *prezzo, mezzo*	≅	-ix, i -eu, -ig -ç- , (i) þ, (j, ./.) -ci-, -di-	fr. *prix, mi-* kat. *preu, mig* pg. *preço, meio* rum. *preţ, <u>mijloc</u>* sp. *precio, medio*

12   Bibliographie

ABENDROTH-TIMMER, DAGMAR (2003): „Projektunterricht", in: Bausch et al. (2003), S.259-263.

BÄR, MARCUS (2004a): *Europäische Mehrsprachigkeit durch rezeptive Kompetenzen: Konsequenzen für Sprach und Bildungspolitik,* Aachen: Shaker Verlag.

BÄR, MARCUS (2004b): „Methodische und didaktische Veränderungen in der Lehrerausbildung durch einen multimedialen Mehrsprachenunterricht", in RUTKE/WEBER (2004), S. 81-95.

BÄR, MARCUS (2006): „Italienisch interkomprehensiv- Erfahrungen mit einem Eingangsmodul an der Schule", in: MARTINEZ/REINFRIED (2006), S. 95-109.

BAUSCH, KARL-RICHARD/CHRIST, HERBERT/KRUMM, HANS-JÜRGEN (2003): *Handbuch Fremdsprachenunterricht,* 4. Aufl., Tübingen/Basel: Francke.

BECKER, NORBERT (1998): „Interferenzprobleme (Französisch-Italienisch) in der Mehrsprachendidaktik und ihre Behebung", in: MEIßNER/REINFRIED (1998), S. 179-197.

BÖING, MÀIK (2004): „Interkomprehension und Mehrsprachigkeit im zweisprachig deutsch-französischen Bildungsgang- ein Erfahrungsbericht.", in: Rutke/Weber (2004), S. 63-80.

CNUTZMANN, CLAUS (2003): „Language Awareness, Sprachbewusstheit, Sprachbewusstsein", in: BAUSCH et al. (2003).

DOYÉ, PETER (2006): „Allgemein-pädagogische Aspekte einer Didaktik der Interkomprehension", in: MARTINEZ/REINFRIED (2006), S. 13-26.

EUROPARAT (2001): *Gemeinsamer Europäischer Referenzrahmen für Sprachen: lernen ,lehren, beurteilen,* Berlin et al.

FOSTER, JOAQUIN (2005): „Im Netzwerk der Erinnerung", in: *Spektrum der Wissenschaft, Spezial ND 2/2005,* S. 10-15.

GOGOLIN, INGRID (1994): *Der monolinguale Habitus der multilingualen Schule.* Münster/New York: Waxmann.

HEUEL, EBERHARD (2001): „Neue Medien und Fremdsprachenlernen, Mediendidaktische Aspekte von Sprachanwendungen am Beispiel des Programms „Sieben Siebe", in: KISCHEL, G. (Hg.) (2001): *EuroCom- Mehrsprachiges Europa durch Interkomprehension in Sprachfamilien*, S. 59-77.

KLEIN, HORST G. (1999): „Interkomprehension in romanischen Sprachen", in: *Grenzgänge 6*, H. 12, S. 17-29.

KLEIN, HORST G. (2002): „Das Französische: die optimale Brücke zum Leseverstehen romanischer Sprachen. In: *französisch heute* 33 (1), S. 33-46.

KLEIN, HORST G. (2004): „FAQs zur Romanischen Interkomprehension", in: KLEIN/RUTKE (2004), S. 15-39.

KLEIN, HORST G. (2005): *Italienisches Leseverstehen durch EuroCom: Power-Point-Präsentationen zu den italienischen Texten von "Europa International", Einführung ins Leseverstehen romanischer Sprachen.* Aachen: Shaker-Verlag.

KLEIN, HORST G. (2006a): „EuroCom: Leseverstehen im Bereich der romanichen Sprachen", in: *Babylonia, 3/06*, S. 57-61

KLEIN, HORST G. (2006b): *Spanisch interkomprehensiv- Auf dem Weg zur Optimierung des Interkomprehensionsvorgangs,* in: MARTINEZ/REINFRIED (2006), S. 53-66.

KLEIN, HORST G. (2007): „EuroCom: Transferbasierte Strategien und Blended Learning im Mehrsprachigkeitserwerb", in: *Akten des XXI. Romanistisches Kolloquium: „Wie können Erkenntnisse der Romanischen Sprachwissenschaft im akademischen Unterricht umgesetzt werden?"* Friedrich-Schiller-Universität Jena, 9. – 11. Juni 2005:

KLEIN, HORST, G./REISSNER, CHRISTINA (2006): *Basismodul Englisch - Englisch als Brückensprache in der romanischen Interkomprehension* Aachen: Shaker Verlag.

KLEIN, HORST G./RUTKE, DOROTHEA (HG.) (2004): *Neuere Forschungen zur Europäischen Interkomprehension*, Aachen: Shaker-Verlag, S.70-74.

KLEIN, HORST G./RUTKE, DOROTHEA (2005): *Italienisch interkomprehensiv: Italienisch sofort lesen können*, Aachen: Shaker-Verlag.

KLEIN, HORST G./ STEGMANN, TILBERT D. (2001): *EuroComRom - Die sieben Siebe. Romanische Sprachen sofort lesen können*, 3. Aufl., Aachen: Shaker-Verlag.

KLEIN, SILVIA (2004): *Mehrsprachigkeitsunterricht an der Schule, Protokoll einer 25-stündigen EuroCom-Unterrichtsreihe an der Heinrich Böll-Schule Hattersheim*, Aachen: Shaker-Verlag.

KNAPP, KALFRIED (2003): „Englisch" in: BAUSCH et al. (2003), S. 529-533.

KÖNIGS, FRANK G. (2006): „Mehrsprachigkeit und Lehrerbildung: zum Spannungsfeld zwischen inhaltlicher Notwendigkeit und struktureller Machbarkeit", in: MARTINEZ/REINFRIED (2006), S. 215-225.

KRINGS, HANS P. (2003): "Italienisch" in: BAUSCH et al. (2003), S. 538-542.

LUTJEHARMS, MADELINE (1994): "Lesen in der Fremdsprache: Zum Leseprozeß und zum Einsatz der Lesefertigkeit im Fremdsprachenunterricht". *Zeitschrift für Fremdsprachenforschung* 5, H. 2, 36–77.

LUTJEHARMS, MADELINE (2006): "Überlegungen zur Mehrsprachigkeit aus psycholinguistischer Sicht- Erkenntnisse zum mentalen Lexikon bei Mehrsprachigen", in: MARTINEZ/REINFRIED (2006), S. 1-11.

MAHLMEISTER, SABINE (2004): „Empirische Untersuchung zum Erfolg eines EuroCom-Kurses", in: KLEIN/RUTKE (2004), S. 155-164.

MARTINEZ, HÉLÈNE/REINFRIED, MARCUS (HG.) (2006): *Mehrsprachigkeitsdidaktik gestern, heute und morgen- Festschrift für Franz-Jospeh Meißner zum 60. Geburtstag*, Tübingen: Gunter Narr Verlag.

MEIßNER, FRANZ-JOSEPH (1998): „Gymnasiasten der Sekundarstufe I lernen den interlingualen Transfer, in: MEIßNER/REINFRIED (1998), S. 217- 237.

MEIßNER, FRANZ-JOSEPH (2002): „Philologiestudenten lesen in fremden romanischen Sprachen. Konsequenzen für die Mehrsprachigkeitsdidaktik aus einem empirischen Vergleich." in: RUTKE (Hg.) (2002), S. 45-64.

MEIßNER, FRANZ-JOSEPH (2004): „Transfer und Transferieren. Anleitungen zum Interkomprehensionsunterricht.", in: KLEIN/RUTKE (2004), S. 39-66.

MEIßNER, FRANZ-JOSEPH & REINFRIED, MARCUS (HG.) (1998): *Mehrspra-chigkeitsdidaktik. Konzepte ,Analysen, Lehrerfahrungen mit romanischen Fremdsprachen.* Tübingen: Narr.

MÜLLER-LANCÉ, JOHANNES (1999): „Zur Nutzung vorhandener Fremdspra-chenkompetenzen als Transferbasis für romanische Mehrsprachigkeit- ein empirischer Versuch und seine psycholinguistische Relevanz", in: *Grenz-gänge, 6.* Jahrgang 1999, Heft 12, S. 80-95.

MÜLLER-LANCÉ, JOHANNES (2002): „Tertiärsprachen aus Sicht der Kognitiven Linguistik", in: MÜLLER-LANCÉ/RIEHL (2002), S. 133-151.

MÜLLER-LANCÉ, JOHANNES; RIEHL CLAUDIA Maria (2002): *Ein Kopf- Viele Sprachen: Koexistenz, Interaktion und Vermittlung,* Aachen: Shaker Ver-lag.

REISSNER, CHRISTINA (2004): „Fachsprachen und Interkomprehension", in: KLEIN/RUTKE (2004), S. 39-66.

RENSING, CHRISTOPH, STEINMETZ, RALF (2004): „Multimedia- und Hyperme-dia Einsatz in Sprachlernprogrammen am Beispiel von EuroCom Online", in: RUTKE/WEBER (2004), S. 3-12.

RUTKE, DOROTHEA (Hg.) (2002): *Europäische Mehrsprachigkeit: Analysen-Konzepte-Dokumente,* Aachen: Shaker.

RUTKE, DOROTHEA/WEBER, PETER (eds.) (2004): *Mehrsprachigkeit und ihre Didaktik. Multimediale Perspektiven für Europa,*(Reihe Bausteine Euro-pas X, Interdisziplinäre Schriftenreihe des Brüsseler Forschungszentrums für Mehrsprachigkeit), St. Augustin: Asgard Verlag.

SPITZER, MANFRED (2003): *Lernen- Gehirnforschung und die Schule des Le-bens.* Heidelberg/Berlin: Spektrum Akademischer Verlag.

STATISTISCHES BUNDESAMT (HRSG) (2006): *Fachserie 11, Reihe 1- Bildung und Kultur, Allgemein bildende Schulen- Schuljahr 2005/06.*Wiesbaden, 2006. [http://www-ec.destatis.de/csp/shop/sfg/sfghome.csp].

STOYE, SABINE (2000): *Eurocomprehenison: Der romanistische Beitrag für eine europäische Mehrsprachigkeit.* Aachen: Shaker, S. 192.

Wissenschaftliche Reihe: Editiones EuroCom

Herausgeber: H. G. Klein, F-J. Meißner, T. D. Stegmann, L. N. Zybatow

- Band 1: Horst G. Klein / Tilbert D. Stegmann,
  EuroComRom - Die sieben Siebe: Romanische Sprachen sofort lesen können,
  3. Aufl, Aachen 2001, 288 S., ISBN 3-8265-6947-4 + CD-ROM zum Hörverstehen. Eine interaktive CD zum multimedial unterstützten Erwerb der 7 Siebe kann im Internet bestellt werden unter:
  www.fernuni-hagen.de/sprachen/cont/romanisch.htm

- Band 2: Sabine Stoye,
  Eurocomprehension: Der romanistische Beitrag für eine europäische Mehrsprachigkeit,
  Aachen 2000, 262 S., ISBN 3-8265-7262-9

- Band 3: Dorothea Rutke [Hg.],
  Europäische Mehrsprachigkeit: Analysen - Konzepte - Dokumente,
  Aachen 2002, 196 S., ISBN 3-8265-9716-8.

- Band 4: Gian Paolo Giudicetti / Costantino Maeder / Horst G. Klein / Tilbert D. Stegmann,
  EuroComRom - I sette setacci: Impara a leggere le lingue romanze!,
  Aachen 2002, 222 S., ISBN 3-8265-9742-7 + CD-ROM zum Hörverstehen

- Band 5: William J. McCann / Horst G. Klein / Tilbert D. Stegmann,
  EuroComRom - The Seven Sieves: How to read all the Romance languages right away,
  2nd ed., Aachen 2003, 226 S., ISBN 3-8322-0437-7 + CD-ROM zum Hörverstehen

- Band 6: Franz-Joseph Meißner / Claude Meissner/ Horst G. Klein / Tilbert D. Stegmann,
  EuroComRom - Les sept tamis: lire les langues romanes dès le départ. Avec une introduction à la didactique de l'eurocompréhension,
  Aachen 2004, xii, 336 S., ISBN 3-8322-1221-3 + CD-ROM zum Hörverstehen

- Band 7: Sanda Reinheimer / Horst G. Klein / Tilbert D. Stegmann,
  EuroComRom - Şapte site: Să citim şi să înţelegem simultan limbile romanice,
  Bukarest (Ed. Cavallioti) 2001, 185 S., ISBN 973-9463-35-5

- Band 8: Gerhard Kischel (Hg.),
  EuroCom - Mehrsprachiges Europa durch Interkomprehension in Sprachfamilien. Tagungsband des Internationalen Fachkongresses im Europäischen Jahr der Sprachen 2001, Hagen, 9.-10. November 2001,
  Aachen 2002, 394 S., ISBN 3-8322-0321-4

- Band 9: Johannes Müller-Lancé / Claudia Maria Riehl (Hg.),
  Ein Kopf - viele Sprachen: Koexistenz, Interaktion und Vermittlung
  Une tête - plusieurs langues : coexistence, interaction et enseignement
  Aachen 2002, 154 S., ISBN 3-8322-0578-0

- Band 10: Horst G. Klein / Christina Reissner,
  EuroComRom: Historische Grundlagen der romanischen
  Interkomprehension,
  Aachen 2002, 206 S., ISBN 3-8322-0100-9

- Band 11: Katja Göttsche / Elke da Silva / Horst G. Klein / Tilbert D. Stegmann,
  EuroComRom - Os sete passadores: Saber ler todas as línguas
  românicas já,
  Aachen 2003, 218 S., ISBN 3-8322-0824-0 + CD-ROM zum
  Hörverstehen

- Band 12: Esteve Clua / Pilar Estelrich / Horst G. Klein / Tilbert D. Stegmann,
  EuroComRom - Els set sedassos: Aprendre a llegir les llengües
  romàniques simultàniament,
  Aachen 2003, 236 S., ISBN 3-8322-0683-3 + CD-ROM zum
  Hörverstehen

- Band 13: Ernesto Martín Peris / Esteve Clua / Horst G. Klein / Tilbert D. Stegmann,
  EuroComRom - Los siete tamices: Un fácil aprendizaje de la lectura en
  todas las lenguas románicas,
  Aachen 2005, ISBN 3-8322-3303-2 + CD-ROM zum
  Hörverstehen

- Band 14: Sabela Labraña Barrero / Susana Ferreiro García / Horst G. Klein /
  Tilbert D. Stegmann,
  EuroComRom - As sete peneiras: Aprender a ler a un tempo as linguas
  románicas, Aachen 2006

- Band 15: Эльмира Хабибулина / Лев Цыбатов / Хорст Г. Кляйн /
  Тильберт Д. Штегманн,
  ЕвроКомРом - семь сит: как читать и понимать все романские
  языки сразу, Аахен 2006

- Band 16: Iwona Galińska-Inacio / Anna Randak / Horst G. Klein / Tilbert D. Stegmann,
  EuroComRom – Siedem sit: Jak od razu czytać teksty w językach
  romańskich,
  Aachen 2004, 254 S., ISBN 3-8322-3387-3

- Band 17: George Androulakis / Horst G. Klein / Tilbert D. Stegmann,
  EuroComRom – Τα επτά κόσκινα: παράλληλη εκμάθηση ανάγνωσης
  στις ρομανικές γλώσσες, Aachen 2006

Wissenschaftliche Reihe: Editiones EuroCom

Herausgeber: H. G. Klein, F.-J. Meißner, T. D. Stegmann, L. N. Zybatow

- Band 18: Marcus Bär,
  Europäische Mehrsprachigkeit durch rezeptive Kompetenzen:
  Konsequenzen für Sprach- und Bildungspolitik,
  Aachen 2003, 206 S., ISBN 3-8322-2301-0

- Band 19: Horst G. Klein,
  Europa International - Einführung ins Leseverstehen romanischer
  Sprachen. EuroCom Stufe I,
  Aachen 2004, 220 S., ISBN 3-8222-1980-3 + CD-ROM zum
  Hörverstehen

- Band 20: Horst G. Klein,
  Große Europäer - Transkulturelle Texte zum Leseverstehen romanischer
  Sprachen. EuroCom Stufe II,
  Aachen 2004, ISBN 3-8322-3239-7 + CD-ROM zum
  Hörverstehen

- Band 21: Horst G. Klein, Dorothea Rutke (Hg.),
  Neuere Forschungen zur europäischen Interkomprehension,
  Aachen 2004, 198 S., ISBN 3-8322-3240-0

- Band 22: Silvia H. Klein,
  Mehrsprachigkeitsunterricht an der Schule. Protokoll einer 25-stündigen
  EuroComRom-Unterrichtsreihe an der Heinrich Böll-Schule (Hattersheim),
  Aachen 2004, 76 S., ISBN 3-8322-3241-9 + Präsentations-CD für Lehrer

- Band 23: Horst G. Klein & Katja Wegner,
  Rumänisch interkomprehensiv: Rumänisch sofort lesen können,
  Aachen 2005, 148 S., ISBN 3-8322-3869-7

- Band 24: Horst G. Klein & Tanja Stahlhofen,
  Spanisch interkomprehensiv: Spanisch sofort lesen können,
  Aachen 2005, 136 S., ISBN 3-8322-3870-0

- Band 25: Horst G. Klein & Dorothea Rutke,
  Italienisch interkomprehensiv: Italienisch sofort lesen können,
  Aachen 2005, 140 S., ISBN 3-8322-3871-9

- Band 26: Horst G. Klein & Christina Reissner,
  Basismodul Englisch - Englisch als Brückensprache in der romanischen
  Interkomprehension,
  Aachen 2006.

Wissenschaftliche Reihe: Editiones EuroCom
EuroComDigital

Herausgeber: H. G. Klein

- EuroComRom: *Digitaler Einführungskurs ins Hör- und Leseverstehen der romanischen Sprachen,* ISBN 3-8322-3625-2, CD-ROM

- EuroComRom - Listening competence
  Listen to all the texts in "The Seven Sieves"
  International multilingual edition: CAT, D, E, F, GB, I, P; ISBN 3-8322-3642-2, CD-ROM

- Französisches Leseverstehen durch EuroCom
  PowerPoint-Präsentationen zu den französischen Texten von *Europa International*, Einführung ins Leseverstehen romanischer Sprachen, ISBN 3-8322-3636-8, CD-ROM

- Italienisches Leseverstehen durch EuroCom
  PowerPoint-Präsentationen zu den italienischen Texten von *Europa International*, Einführung ins Leseverstehen romanischer Sprachen, ISBN 3-8322-3637-6, CD-ROM

- Katalanisches Leseverstehen durch Eurocom
  PowerPoint-Präsentationen zu den katalanischen Texten von *Europa International*, Einführung ins Leseverstehen romanischer Sprachen, ISBN 3-8322-3638-4, CD-ROM

- Spanisches Leseverstehen durch EuroCom
  PowerPoint-Präsentationen zu den spanischen Texten von *Europa International*, Einführung ins Leseverstehen romanischer Sprachen, ISBN 3-8322-3639-2, CD-ROM

- Portugiesisches Leseverstehen durch EuroCom
  PowerPoint-Präsentationen zu den portugiesischen Texten von *Europa International*, Einführung ins Leseverstehen romanischer Sprachen, ISBN 3-8322-3640-6, CD-ROM

- Rumänisches Leseverstehen durch EuroCom
  PowerPoint-Präsentationen zu den rumänischen Texten von *Europa International*, Einführung ins Leseverstehen romanischer Sprachen, ISBN 3-8322-3641-4, CD-ROM

- 25 Stunden Mehrsprachigkeitsunterricht:
  Vom Französischen zum Spanischen, vom Spanischen zum Französischen. Präsentations-CD für Lehrer, ISBN 3-8322-3646-5, CD-ROM

- Propädeutikum Romanische Sprachwissenschaft, ISBN 3-8322-4511-1, CD-ROM

online orders: www.eurocomresearch.net/editiones.htm